银行信贷业务实验教程

主　编　郭静林
副主编　罗　威

西南财经大学出版社

中国·成都

图书在版编目(CIP)数据

银行信贷业务实验教程/郭静林主编. —成都:西南财经大学出版社,
2016.10

ISBN 978-7-5504-2611-5

Ⅰ.①银… Ⅱ.①郭… Ⅲ.①商业银行—信贷业务—教材
Ⅳ.①F830.5

中国版本图书馆 CIP 数据核字(2016)第 201305 号

银行信贷业务实验教程

主　编:郭静林

副主编:罗　成

责任编辑:张明星

责任校对:王青清

封面设计:张姗姗

责任印制:封俊川

出版发行	西南财经大学出版社(四川省成都市光华村街 55 号)
网　址	http://www.bookcj.com
电子邮件	bookcj@foxmail.com
邮政编码	610074
电　话	028-87353785　87352368
照　排	四川胜翔数码印务设计有限公司
印　刷	四川森林印务有限责任公司
成品尺寸	185mm×260mm
印　张	9
字　数	140 千字
版　次	2016 年 10 月第 1 版
印　次	2016 年 10 月第 1 次印刷
印　数	1—2000 册
书　号	ISBN 978-7-5504-2611-5
定　价	25.00 元

前　言

目前，我国商业银行的主要利润来源于信贷业务，所以信贷业务的开展与管理是商业银行非常重要的业务组成部分。金融类及相关专业的学生，在毕业后有相当一部分人将进入商业银行从事信贷管理工作，但由于银行业的特殊性、保密性、安全性特点，学生要进入银行内部实习的机会越来越少。在这种形势下，越来越多的高校认识到，在财经类专业银行管理类课程体系中建设一套以应用型为导向、模拟商业银行信贷管理的实际运行环境的课程教学体系非常重要和迫切。

国内现阶段专门针对银行信贷的实验教材并不多，部分教材对商业银行信贷业务的分类方式不够科学，并且对银行信贷中最重要的公司信贷业务部分涉及过少，只有企业一般贷款一类业务操作讲解，不能较好地反映现代银行业的业务处理需求现状。

本教材是针对高校金融学专业银行经营管理方向的信贷类专业课程而编著的实验辅助教材。教材的编写配合编者所在高校的市级金融学特色专业建设项目中的教学改革进程，在其所应用的教学环节上，从以讲授为主的课程教学方式，向以讲授与实验并重、配合学生研讨与角色互动的新型教学方式进行转变。教材中的信贷实验及其专业知识部分的内容，是在中国银行业从业人员资格认证考试教材《公司信贷》和《个人贷款》的理论框架基础上进行编写的，并结合智盛软件公司开发的"信贷及风险管理模拟平台"，加入了丰富的个人及企业信贷案例，因此具备较强的商业银行领域从业倾向性。其主要特点如下：

1. 按我国现今大部分商业银行面对客户采用的信贷业务分类标准进行实验编写

为了适应应用型人才的培养目标，让实验实训课程能较好地与行业标准接轨，尽量做到学生学习与就业的无缝连接，因此在编写银行信贷业务实务时，按我国现今大部分商业银行面对客户采用的信贷业务分类标准进行实验编写。根据现阶段我国国有大型及全国股份制商业银行的业务分类，本教材及配套的教学软件平台都设计了大部分银行适用的传统和新型银行信贷业务，包括企业流动资金贷款、房地产贷款、企业固定资产贷款、企业质押贷款、企业票据业务、个人住房贷款、个人房屋装修贷款、个人汽车消费贷款、个人助学贷款、个人经营类贷款、农户经营性贷款等，涵盖了银行业主要信贷业务，并针对各类个人及企业客户的信贷需求，让学生能面向客户需求进行信贷业务仿真实验操作。为达到最佳的仿真效果，教材中涉及的所有公司信贷案例均是基于真实的上市公司公开信息改编模拟而成。

2. 将主教材银行信贷理论基础知识融入实验辅助教材

本教材不仅呈现实验操作流程指导的部分，同时在每一项目章节下还设有对该章节所包含的所有实验理论基础的总结概述，让学生在进行实验操作之前，能对其所涉及的理论知识部分进行回顾，使理论与实际相互对应，既熟悉了信贷实务操作又加深了对信贷专业知识的巩固。

3. 信贷业务处理的多样性与信贷风险管理并重

本教材不仅在信贷业务的多样性中进行了分类拓展，同时，为配合现阶段我国对金融业风险管理的重视，专门设置了信贷风险及贷后管理实验部分，将银行业对贷前信用评级和贷后风险及资产管理的要求都纳入实验操作流程，包含信用等级评估、风险分类认定、贷后调查与监控业务、不良资产管理等实务操作，让学生在学习如何营销和受理信贷业务的同时，也注重信贷业务的风险监管和风险资产处理。

郭静林

2016 年 5 月 22 日

目　录

第一部分
公司信贷业务实验

公司信贷是指以银行为提供主体，以法人和其他经济组织等非自然人为接受主体的资金借贷或信用支持活动。常见的公司信贷业务种类有流动资金贷款、固定资产贷款、房地产贷款、商业汇票及银行承兑汇票等业务。

本部分的实验内容分为四个项目，前两个项目的实验内容主要是对申请贷款企业的担保程序与授信环节的模拟；后两个项目将公司信贷业务具体分为贷款类和票据类两个模块，并对这两类业务的具体受理、调查、风险评价、审批、合同签订及发放环节进行模拟实验。

项目1.1　担保业务

1.1.1　贷款担保概述

担保的概念

贷款担保是指为提高贷款偿还的可能性，降低银行资金损失的风险，银行在发放贷款时要求借款人提供担保，以保障贷款债权实现的法律行为。银行与借款人及其他第三人签订担保协议后，当借款人财务状况恶化、违反借款合同或无法偿还本息时，银行可以通过执行担保来收回贷款本息。担保为银行提供了一个可以影响或控制的潜在还款来源，从而增加了贷款最终偿还的可能性，使银行资金更具安全性。

担保的分类

担保可分为人的担保和物的担保两种，其中物的担保一般指财产担保，如表1-1-1所示。

表 1-1-1　　　　　　　　　　担保种类

人的担保	指作为第三人的自然人或法人向银行提供的，许诺借款人按期偿还贷款的保证。
物的担保	分为不动产、动产和权利财产（例如股票、债券、保险单等）担保。这类担保主要是将债务人或第三人的特定财产抵押给银行。

另外，担保的形式有多种，一笔贷款可以有一种或几种担保，担保的具体形式主要有如下几种，其中除了保证担保是人的担保以外，其余均为物的担保，如表1-1-2所示。

表 1-1-2　　　　　　　　　　担保形式

抵押	抵押是指借款人或第三人在不转移财产占有权的情况下，将财产作为债权的担保，银行持有抵押财产的担保权益，当借款人不履行借款合同时，银行有权以该财产折价或者以拍卖、变卖该财产的价款优先受偿。

表1-1-2(续)

质押	质押是指债权人与债务人或债务人提供的第三人以协商订立书面合同的方式，移转债务人或者债务人提供的第三人的动产或权利的占有，在债务人不履行债务时，债权人有权以该财产价款优先受偿。
保证	保证是指保证人和债权人约定，当债务人不履行债务时，保证人按照约定履行债务或者承担责任的行为。
留置	留置是指债权人按照合同约定占有债务人的动产，债务人不按照合同约定的期限履行债务的，债权人有权按照规定留置该财产，以该财产折价或者以拍卖、变卖该财产的价款优先受偿。
定金	定金担保是指债权人以一定的金钱来保证债务履行的担保。定金较少用于银行信贷业务中。

本书的实验部分主要对保证担保、抵押担保和质押担保三种银行常用的担保形式进行业务实验。

担保的范围

担保范围分为法定范围和约定范围，其中约定范围是在银行与借款人的担保合同中予以约定，而法定范围是按《中华人民共和国担保法》的规定执行，如表 1-1-3 所示。

表 1-1-3 　　　　　　　　法定范围规定

主债权	即由借款合同、银行承兑协议、出具保函协议书等各种信贷主合同所确定的独立存在的债权。
利息	由主债权所派生的利息。
违约金	指由法律规定或合同约定的债务人不履行或不完全履行债务时，应付给银行的金额。
损害赔偿金	指债务人因不履行或不完全履行债务给银行造成损失时，应向银行支付的补偿费。
实现债权的费用	指债务人在债务履行期届满而不履行或不完全履行债务，银行为实现债权而支出的合理费用，一般包括诉讼费、鉴定评估费、公证费、拍卖费、变卖费、执行费等费用。
质物保管费用	指在质押期间，因保管质物所发生的费用。

1.1.2　保证人担保业务实验

实验目的

（1）掌握保证人担保业务的概念及相关要素。

（2）熟悉保证人担保业务的审查、审批流程。

（3）熟悉保证人担保业务中的录入要素。

（4）了解一项贷款业务中，借款人与保证人之间的利益关系。

实验案例

浙江久立特材科技股份有限公司以购原材料为由，向银行申请贷款 200 万元，并签订借款合同，合同约定借款期限为 3 年，即自 2014 年 12 月 4 日至 2017 年 12 月 4 日止，还款方式为分期非等额还款，时间为每月的 20 日。中核华原钛白股份有限公司向银行承诺为其提供担保。

该笔担保业务现提交支行进行办理，在业务的办理流程中，银行方的审查、审批顺序为支行信贷员→支行信贷科→支行分管行长→支行行长→总行信贷部→总行行长。请按该业务操作顺序，分别扮演不同银行部门角色完成对该公司的担保。

实验步骤

操作 1：用自己的学生账号登录信贷业务及风险管理模拟平台，选择界面左侧的 客户信息 图标，弹出客户信息窗口；在弹出窗口左侧的导航栏中选择 登记查询 → 导入客户信息 按钮，在客户类型下拉选项框中选择"企业客户"后点击"查询"，如图 1-1-1 所示。在窗口罗列的企业客户列表中，找到实验案例所涉及业务办理的公司，即"浙江久立特材科技股份有限公司"和"中核华原钛白股份有限公司"，选中公司后，点击窗口右上方的 导入客户信息 按钮，便可在 登记查询 中查询到办理该业务的客户名单，如图 1-1-2 所示。

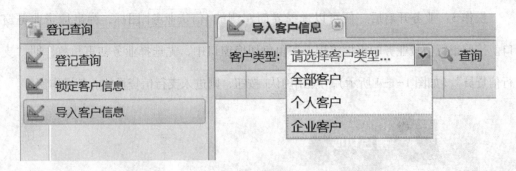

图 1-1-1 导入客户信息

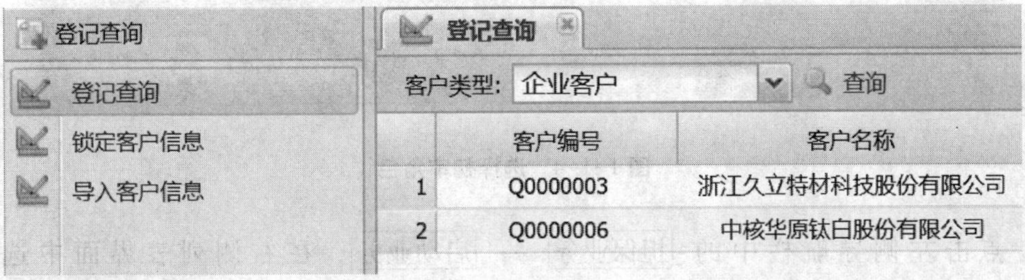

图 1-1-2 查询客户名单

操作 2：将鼠标按界面标识移动至模拟平台界面边缘，系统自动弹出 我的任务 操作任务列表，在列表中找到"保证人担保审批"业务，点击 ☆操作 → 开启任务 ，该业务在系统中便正式开启，被开启的业务名称呈现红色状态，如图 1-1-3 所示。

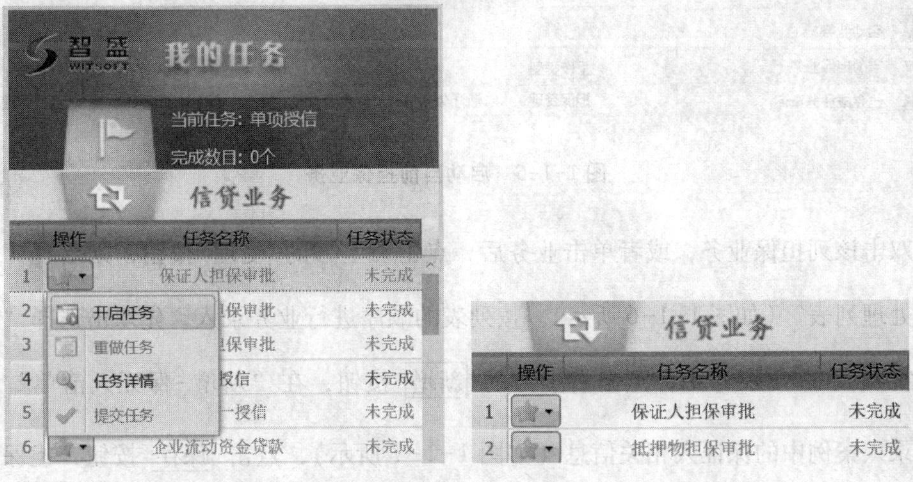

图 1-1-3 开启任务

操作3：业务开启后，便可以选择界面左侧的 信贷业务 图标，弹出信贷业务窗口。按照银行信贷业务的审批流程，在角色切换窗口中，先选择业务初审角色，即"支行信贷员"（如图1-1-4所示），点击 确认 按钮，则进入支行信贷员的业务操作窗口。

图1-1-4　选择初审角色

点击左侧导航栏中的 担保业务 → 启动业务，在右侧列表界面中选择 保证人担保审批，系统罗列备选客户列表，在列表中选择实验案例中的贷款申请人"浙江久立特材科技股份有限公司"，点击 启动 按钮，该企业便被列入"当前担保业务"中。点击左侧导航栏中的 担保业务 → 当前担保业务，则可查看到当前处理的业务对象、工作类型、业务种类以及业务状态，如图1-1-5所示。

		工作类型	业务对象	业务种类	状态
	1	担保受理	浙江久立特材科技股份有限公司	保证人担保审批	业务受理

图1-1-5　启动当前担保业务

双击该列担保业务，或者单击业务后，点击右上方的 受理 按钮，则出现"当前业务处理列表"（如图1-1-6所示）。按列表的顺序进行业务录入，先双击选择"保证人审批"，在弹出窗口中，点击右上方的 新增 按钮，在"新增-保证人清单"窗口中，录入案例中的保证人相关信息（如图1-1-7所示），点击 保存 按钮，担保合同添加完毕。

填写时注意：

（1）"保证人客户名称"为案例中的"中核华原钛白股份有限公司"。

（2）"保证期限"应按照借款企业的贷款期限计算，案例中借款合同约定借款期限为 3 年，因此保证期限按借款期限填写；"保证开始日期"及"到期日期"均按借款合同信息填写。

（3）"保证合同编号"系统自动生成。

（4）"担保金额"为借款合同中的贷款总额。

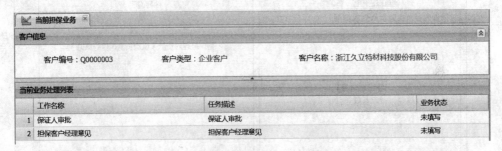

图 1-1-6　受理担保

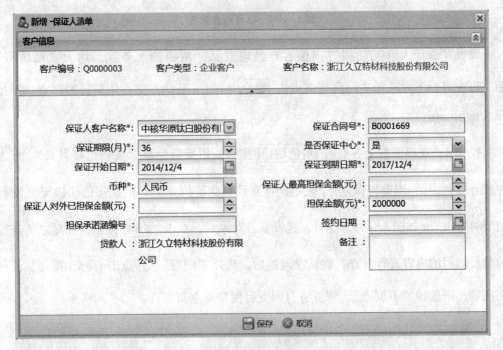

图 1-1-7　录入保证人相关信息

关闭窗口后，接下来按图 1-1-6 的列表继续填写"担保客户经理意见"。填写时注意，"调查日期"要与案例中的业务申办日期前后一致，不要随便填写日期，以保持业务操作的严谨性；"调查报告内容"按照案例中借款人和保证人的实际信息，结合保证人担保调查相关专业知识撰写。

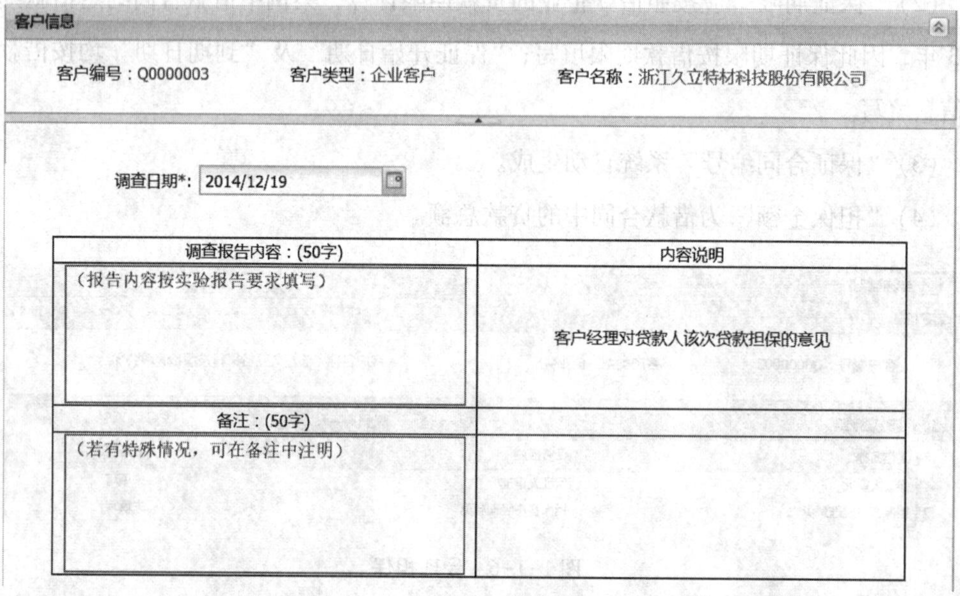

图 1-1-8　填写调查报告

确保"保证人审批"和"担保客户经理意见"两项的业务状态均为"已填写"后，可在界面下方选择"同意"并点击 提交 按钮。至此，支行信贷员的审查、审批任务操作完毕。

操作 4：在界面右上方点击 角色切换 按钮，切换角色至"支行信贷科长"，点击左侧导航栏中的 当前担保业务 按钮，可看到该保证担保业务的状态已切换至"支行信贷科审批"（如图 1-1-9 所示）。选择业务对象后，点击 受理 按钮，并对之前支行信贷员填写的内容进行复查，确认没问题后，选择"同意"，并点击 提交 按钮。若存在问题，则选择"不同意"，将业务打回支行信贷员重新审查。

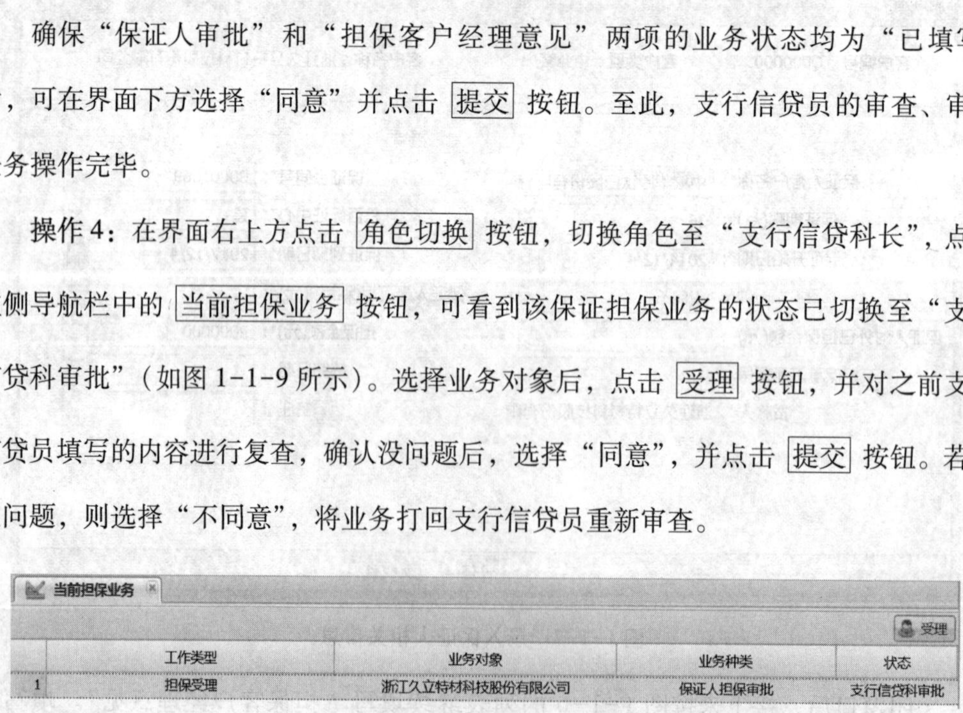

图 1-1-9　支行信贷科长审批

操作5：在界面右上方点击 角色切换 按钮，切换角色至"支行分管行长"，点击左侧导航栏中的 当前担保业务 按钮，可看到该保证担保业务的状态已切换至"支行分管行长"，重复操作4的步骤，按照商业银行由下至上的审查、审批原则，分别完成支行行长审批、总行信贷部初审员审查、总行信贷部副经理复审以及总行行长审批后，切换回支行信贷员角色完成担保业务确认（如图1-1-10所示）。

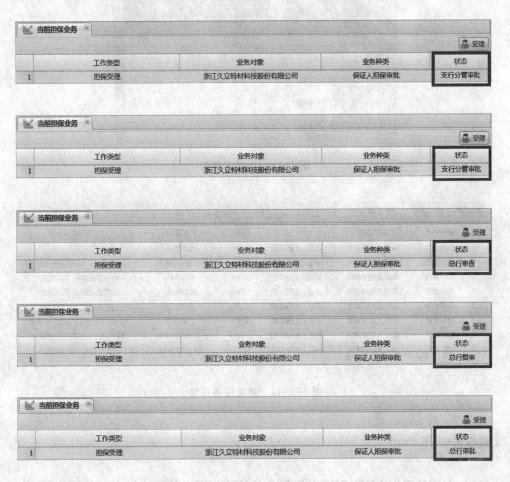

图 1-1-10 依次审批

操作6：上述任务完成后，在"我的任务"栏中，点击 ☆操作 → 提交任务 按钮，该项业务便在实验系统中正式提交完成（如图1-1-11所示）。并且点击 ☆操作 → 任务详情 → 操作情况 按钮，可以查看办理该项业务的所有操作流程（如图1-1-12所示），可供实验报告流程写作参考。

图 1-1-11　提交任务

	业务种类	业务名称	任务名称	操作人	当前操作	下一步
1	担保业务	保证人担保审批	保证人担保审批	S0800	担保确定	
2	担保业务	保证人担保审批	保证人担保审批	S0800	总行信贷部审批	业务确定--支行信贷员审批
3	担保业务	保证人担保审批	保证人担保审批	S0800	支行审批	信贷部初审员--总行审查
4	担保业务	保证人担保审批	保证人担保审批	S0800	总行审查	信贷部副经理--总行复查
5	担保业务	保证人担保审批	保证人担保审批	S0800	总行复查	总行行长(审贷委)--总行信贷部审批
6	担保业务	保证人担保审批	保证人担保审批	S0800	担保受理	支行信贷科长--支行信贷科审批
7	担保业务	保证人担保审批	保证人担保审批	S0800	支行信贷科审批	支行分管行长--支行分管审批
8	担保业务	保证人担保审批	保证人担保审批	S0800	支行分管审批	支行行长--支行审批

图 1-1-12　查看任务详情

实验报告要求

（1）在实验报告中绘制保证人担保业务的流程图，并标注每个业务环节所涉及的银行信贷业务人员、职位以及负责内容。

（2）实验中的借款人"浙江久立特材科技股份有限公司"和其保证人"中核华原钛白股份有限公司"均为现实中存在的企业。请通过互联网搜索企业相关信息，对借款人和保证人进行公司信息、行业信息、财务信息等调查，在实验报告中撰写完整的保证人信用调查报告，并按真实信息得出调查结论，建议银行是否批准该项保证人担保业务，若不批准，写出否决的原因及风险因素。

1.1.3　抵押物担保业务实验

（1）掌握抵押物担保的概念及相关要素。

（2）熟悉我国规定的可作为银行抵押的财产种类。

（3）了解不同财产所对应的抵押登记部门。

（4）了解实质登记与形式登记的概念与区别。

（5）熟悉抵押物担保的审查、审批流程。

（6）熟悉抵押物担保业务中的录入要素。

实验案例

陕西炼石有色资源股份有限公司为铼钼分离项目的开发，拟斥资 5 000 万元采购设备、兴建厂房等，为此向某银行支行贷款 1 000 万元。遂与该银行达成协议，由该银行提供贷款，借款期限为 1 年，陕西炼石有色资源股份有限公司以一栋办公楼（价值 1 300 万元）和两辆加长奔驰轿车（价值 200 万元）设定抵押，并办理了抵押登记。

该笔抵押业务现提交支行进行办理，在业务的办理流程中，银行方的审查、审批顺序为支行信贷员→支行信贷科→支行分管行长→支行行长→总行信贷部→总行行长。请按该业务操作顺序，分别扮演不同银行部门角色完成对借款人提供的办公楼抵押物担保审批。

实验步骤

操作 1：用自己的学生账号登录信贷业务及风险管理模拟平台，选择界面左侧的 客户信息 图标，弹出客户信息窗口；在弹出窗口左侧的导航栏中选择 登记查询 →

导入客户信息 按钮，在客户类型下拉选项框中选择"企业客户"后点击"查询"。在窗口罗列的企业客户列表中，找到实验案例所涉及业务办理的公司，即"陕西炼石有色资源股份有限公司"，选中公司后，点击窗口右上方的 导入客户信息 按钮，便可在 登记查询 中查询到该公司名单。选择后，点击右上方的 锁定 按钮，对该公司进行系统锁定（如图 1-1-13 所示）。

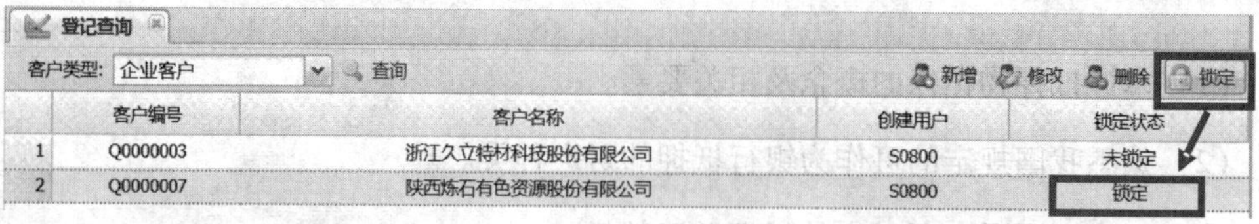

图 1-1-13　锁定客户

操作 2：将鼠标按界面标识移动至模拟平台界面边缘，系统自动弹出 我的任务 操作任务列表，在列表中找到"抵押物担保审批"业务，点击 ☆操作 → 开启任务，该业务在系统中便正式开启，被开启的业务名称呈现红色状态（如图 1-1-14 所示）。在开始业务操作之前，可先点击"任务详情"，仔细浏览申请该业务的公司情况说明。

图 1-1-14　开启业务

操作 3：业务开启后，便可以选择界面左侧的 信贷业务 图标，弹出信贷业务窗口。按照银行信贷业务的审批流程，在角色切换窗口中，选择"支行信贷员"，点击确认，则进入支行信贷员的业务操作窗口。

点击左侧导航栏中的 担保业务 → 启动业务 按钮，在右侧列表界面选择 抵押物担保审批 按钮，系统弹出备选客户列表，在列表中选择实验案例中的贷款申请人"陕西炼石有色资源股份有限公司"，点击 启动 按钮，该企业便被列入"当前担保业务"中。点击左侧导航栏中的 担保业务 → 当前担保业务 按钮，则可查看到当前处理的业务对象、工作类型、业务种类以及业务状态（如图 1-1-15 所示）。

	工作类型	业务对象	业务种类	状态
1	担保受理	陕西炼石有色资源股份有限公司	抵押物担保审批	业务受理

图 1-1-15　受理业务

双击该列担保业务，或者单击业务后，点击右上方的 受理 按钮，则出现"当前业务处理列表"（如图 1-1-16 所示）。

客户信息

客户编号：Q0000007　　客户类型：企业客户　　客户名称：陕西炼石有色资源股份有限公司

当前业务处理列表

	工作名称	任务描述	业务状态
1	抵押物审批	抵押物审批	未填写
2	担保客户经理意见	担保客户经理意见	未填写

图 1-1-16　当前业务处理列表

按列表的顺序进行业务录入，先双击选择"抵押物审批"，在弹出窗口中，点击右上方的 新增 按钮，在"新增-抵押物清单"窗口中，录入案例中的抵押物相关信息，由于该案例中借款人提供了几种不同的抵押物，则在新增时要分别录入（如图 1-1-17 所示），点击 保存 按钮，担保合同添加完毕。填写时注意：

（1）"抵押物合同号"由系统自动生成。

（2）"抵押物性质"要根据实际抵押物财产属性判断是动产还是不动产，在本案例中，借款人用其办公楼和汽车作为抵押，因此同时涉及动产和不动产，要分两批进行新增录入。

（3）"抵押人"一般为借款人。

（4）"抵押物类型"可选择房产、土地、汽车、机械设备，注意在我国土地相关抵押物只能是土地使用权或土地附属物，不能是土地所有权。本案例中，借款人以一栋办公楼和两辆加长奔驰轿车设定抵押，因此抵押物为房产和汽车，需分别录入。

（5）"评估起始日期"与"评估到期日期"之间的期间应覆盖整个借款期间。

（6）"抵押率"按照我国商业银行的相关规定，无地上定着物的土地使用权、依法取得的房屋所有权等土地房屋抵押率，按实际情况不得超过50%至70%；以汽车、船舶、民用航空器等运输设备抵押的，抵押率最高不超过40%至60%；用通用机器设备抵押的，抵押率最高不超过30%。

（7）"抵押金额"即抵押贷款额，计算公式为"抵押贷款额=抵押物现值×抵押率"。

	抵押合同号	抵押物性质	抵押物类型	抵押金额
1	D0001024	不动产	房产	9100000
2	D0001025	动产	汽车	1200000

图 1-1-17　录入相关信息

关闭窗口后，接下来按图 1-1-18 的列表继续填写"担保客户经理意见"。填写时注意，"调查日期"要与案例中的业务申办日期前后一致，不要随便填写日期，以保持业务操作的严谨性；"调查报告内容"按照案例中借款人提交的抵押物实际信息，结合抵押物评估的相关专业知识撰写（如图 1-1-18 所示）。

调查日期*：2016/4/21

调查报告内容：(50字)	内容说明
（概述对抵押物的调查情况，以及抵押物的价值评估、未来价值损耗等情况）	客户经理对贷款人该次贷款担保的意见
备注：(50字)	

图 1-1-18　撰写调查报告

确保"抵押物审批"和"担保客户经理意见"两项的业务状态均为"已填写"后，可在界面下方选择"同意"并点击 提交 按钮。至此，支行信贷员的审查、审批任务操作完毕。

操作 4：在界面右上方点击 角色切换 按钮，切换角色至"支行信贷科长"，点击左侧导航栏中的 当前担保业务 按钮，可看到该抵押物担保业务的状态已切换至"支行信贷科审批"。选择业务对象后，点击 受理 按钮，并对之前支行信贷员填写的内容进行复查，确认没问题后，选择"同意"，并点击 提交 按钮。若存在问题，则选择"不同意"，将业务打回支行信贷员重新审查。

操作 5：在界面右上方点击 角色切换 按钮，切换角色至"支行分管行长"，点击左侧导航栏中的 当前担保业务 按钮，可看到该抵押物担保业务的状态已切换至"支行分管行长"，重复操作 4 的步骤，按照商业银行由下至上的审查、审批原则，分别完成支行行长审批、总行信贷部初审员审查、总行信贷部副经理复审以及总行行长审批后，切换回支行信贷员角色完成担保业务确认。

操作6：上述任务完成后，在我的任务栏中，点击 ☆操作 → 提交任务 ，该项业务便在实验系统中正式提交完成。点击 ☆操作 → 任务详情 → 操作情况 ，可以查看办理该项业务的所有操作流程，可供实验报告流程写作参考。

实验报告要求

（1）在实验报告中绘制抵押物担保业务的流程图，并标注每个业务环节所涉及的银行信贷业务人员、职位以及负责内容。

（2）实验中的借款人"陕西炼石有色资源股份有限公司"为现实中存在的企业。请通过互联网搜索企业相关信息，对借款人公司所在地商业用房市场进行相关调查，同时对借款人抵押的奔驰汽车价格进行相关调查，按照公司所在地的商用楼盘市场价格情况以及奔驰汽车报价情况，在实验报告中撰写完整的抵押物价值评估调查报告，并按真实信息得出调查结论，建议银行是否批准该项抵押物担保业务，若不批准，写出否决的原因及风险因素。

1.1.4 质押物担保业务实验

实验目的

（1）掌握质押物担保的概念及相关要素。

（2）熟悉我国规定的可作为银行质押的财产种类。

（3）了解质押与抵押的区别。

（4）熟悉质押物担保的审查、审批流程。

（5）熟悉质押物担保业务中的录入要素。

实验案例

广东汕头超声电子股份有限公司是以电子元器件及超声电子仪器为主要产品的高

新技术企业，从事双面及多层印制电路板、液晶显示器、超薄及特种覆铜板、超声电子仪器等高新技术产品的研究、生产和销售。

2014 年广东汕头超声电子股份有限公司为筹措资金，以 15 辆机动车（价值 800 万元）作为质押物向银行借款 500 万元，双方于 2014 年 5 月 15 日签订借款合同，合同约定借款期限为两个月。

该笔质押担保业务现提交支行进行办理，在业务的办理流程中，银行方的审查、审批顺序为支行信贷员→支行信贷科→支行分管行长→支行行长→总行信贷部→总行行长。请按该业务操作顺序，分别扮演不同银行部门角色完成对借款人提供的动产质押担保审批。

实验步骤

操作 1：用自己的学生账号登录信贷业务及风险管理模拟平台，选择界面左侧的 客户信息 图标，弹出客户信息窗口；在弹出窗口左侧的导航栏中选择 登记查询 → 导入客户信息 ，在客户类型下拉选项框中选择"企业客户"后点击"查询"。在窗口罗列的企业客户列表中，找到实验案例所涉及业务办理的公司，即"广东汕头超声电子股份有限公司"，选中公司后，点击窗口右上方的 导入客户信息 按钮，便可在 登记查询 中查询到该公司名单。选择后，点击右上方的 锁定 按钮，对该公司进行系统锁定。

操作 2：将鼠标按界面标识移动至模拟平台界面边缘，系统自动弹出 我的任务 操作任务列表，在列表中找到"质押物担保审批"业务，点击 ☆操作 → 开启任务 ，该业务在系统中便正式开启。在开始业务操作之前，可先点击"任务详情"，仔细浏览申请该业务公司的情况说明。

操作 3：业务开启后，便可以选择界面左侧的 信贷业务 图标，弹出信贷业务窗口。按照银行信贷业务的审批流程，在角色切换窗口中，选择"支行信贷员"，点击 确认 按钮，则进入支行信贷员的业务操作窗口。

点击左侧导航栏中的 担保业务 → 启动业务 ，在右侧列表界面选择

质押物担保审批，系统弹出备选客户列表，在列表中选择实验案例中的贷款申请人
"广东汕头超声电子股份有限公司"，点击 启动 按钮，该企业便被列入"当前担保业
务"中。点击左侧导航栏中的 担保业务 → 当前担保业务 ，则可查看到当前处理的
业务对象、工作类型、业务种类以及业务状态（如图 1-1-19 所示）。

	工作类型	业务对象	业务种类	状态
1	担保受理	广东汕头超声电子股份有限公司	质押物担保审批	业务受理

图 1-1-19　查看当前担保业务

　　双击该列担保业务，或者单击业务后，点击右上方的 受理 按钮，则出现"当前
业务处理列表"。按列表的顺序进行业务录入，先双击选择"质押物审批"，在弹出窗
口中，点击右上方的 新增 按钮，在"新增-质押物清单"窗口中，录入案例中的质押
物相关信息（如图 1-1-20 所示），点击 保存 按钮，担保合同添加完毕。

新增 - 质押物清单

客户信息

客户编号：Q0000009　　　客户类型：企业客户　　　客户名称：广东汕头超声电子股份有限公司

质押合同号*：Z0000060	质押人*：广东汕头超声电子股	
质押物性质*：动产	质押物类型*：其他权力	
凭证起始日期：	凭证到期日期：	
币种*：人民币	票面金额(元)*：8000000	
评估价值(元)*：8000000	评估起始日期*：2014/5/15	
评估到期日期*：2014/7/16	质押率(%)*：63	
质押金额(元)*：5000000	已为其它债权设定的金额(元) *：0	
贷款人：广东汕头超声电子股份有限公司	备注：	

保存　　取消

图 1-1-20　录入相关信息

填写时注意：

（1）"质押物合同号"由系统自动生成。

（2）"抵押物性质"要根据实际抵押物财产属性判断是动产还是权证。在本案例中，借款人用其15辆机动车作为抵押，因此为动产。

（3）"质押人"一般为借款人。

（4）"质押物类型"系统提供的可选择项为定期、股权、银行承兑汇票及其他权利。在本案例中，机动车不属于权利凭证，属于一般动产所有权，即其他权利。

（5）"评估起始日期"与"评估到期日期"之间的期间应覆盖整个借款期间，即2个月。

（6）"质押率"要按照我国商业银行的相关规定，质押期限在1个月以内的，质押率最高不超过70%；质押期限在3个月以内的，质押率最高不超过60%；质押期限在6个月以内的，质押率最高不超过50%；质押期限在6个月以上的，质押率最高不超过40%。

（7）"质押金额"即质押贷款额，计算公式为"质押贷款额＝质押物现值×质押率"。

关闭窗口后，继续填写"担保客户经理意见"。填写时注意，"调查日期"要与案例中的业务申办日期前后一致，不要随便填写日期，以保持业务操作的严谨性；"调查报告内容"按照案例中借款人提交的质押物实际信息，结合质押物评估的相关专业知识撰写。

确保"质押物审批"和"担保客户经理意见"两项的业务状态均为"已填写"后，可在界面下方选择"同意"并点击 提交 按钮。至此，支行信贷员的审查、审批任务操作完毕。

操作4：在界面右上方点击 角色切换 按钮，切换角色至"支行信贷科长"，点击左侧导航栏中的 当前担保业务 按钮，可看到该质押物担保业务的状态已切换至"支行信贷科审批"。选择业务对象后，点击 受理 按钮，并对之前支行信贷员填写的内容进行复查，确认没问题后，选择"同意"，并点击 提交 按钮。若存在问题，则选择

"不同意",将业务打回支行信贷员重新审查。

操作5:在界面右上方点击 角色切换 按钮,切换角色至"支行分管行长",点击左侧导航栏中的 当前担保业务 按钮,可看到该质押物担保业务的状态已切换至"支行分管行长",重复操作4的步骤,按照商业银行由下至上的审查、审批原则,分别完成支行行长审批、总行信贷部初审员审查、总行信贷部副经理复审以及总行行长审批后,切换回支行信贷员角色完成担保业务的确认。

操作6:上述任务完成后,在"我的任务"栏中,点击 ☆操作 → 提交任务 ,该项业务便在实验系统中正式提交完成。点击 ☆操作 → 任务详情 → 操作情况 ,可以查看办理该项业务的所有操作流程,可供实验报告流程写作参考。

实验报告要求

(1)在实验报告中绘制质押物担保业务的流程图,并标注每个业务环节所涉及的银行信贷业务人员、职位以及负责内容。

(2)在1.1.3中的抵押物担保业务案例中,借款人使用机动车作为抵押物,而在本案例实验中,借款人使用机动车作为质押物,请在报告中对上述两个案例进行对比分析,对比同样是机动车,作为抵押物和质押物的区别是什么。

项目 1.2　授信业务

1.2.1　企业授信概述

授信的概念

授信可分为广义的授信和狭义的授信。广义授信是指银行从事客户调查、业务受理、分析评价、授信决策与实施、授信后的管理以及问题授信等各项授信活动。而狭义授信是指银行对其业务职能部门和分支机构所辖服务区及客户所规定的内部控制信用额度。在本项目的实验中，所涉及的授信业务操作便是指的狭义授信。

在银行信贷中的授信管理是指银行对客户额度授信的管理，即银行根据信贷政策和客户条件对法人客户确定授信控制量，以控制风险、提高效率的管理制度。各银行应根据国家货币信贷政策、各地区金融风险及客户信用状况，规定对各地区及客户的最高授信额度。银行各级业务职能部门及分支机构必须在规定的授信额度内对各地区及客户进行授信。

授信额度的定义

授信额度是指银行在客户授信限额以内，根据客户的还款能力和银行的客户政策最终决定给予客户的授信总额。它是通过银企双方签署的合约形式加以明确的。

授信额度依照每一笔信用贷款、单一法人客户、集团公司等方式进行定义和监管，其具体定义如表 1-2-1 所示。

表 1-2-1　　　　　　　　　　　　授信额度的具体定义

单笔贷款授信额度	单笔贷款授信额度主要指用于每个单独批准在一定贷款条件（收入的使用、最终到期日、还款时间安排、定价、担保等）下的贷款授信额度。根据贷款结构，单笔贷款授信额度适用于： ①被指定发放的贷款本金额度，一旦经过借款和还款后，就不能再被重复借贷。 ②被批准于短期贷款、长期循环贷款和其他类型的授信贷款的最高的本金风险敞口额度。

表1-2-1(续)

借款企业额度	借款企业的信用额度是指银行授予某个借款企业的所有授信额度的总和。
集团借款企业额度	集团借款额度指授予各个集团成员（包括提供给不同的子公司和分支机构）的授信额度的总和。贷款人应将固定资产贷款和流动资金贷款纳入对借款人及借款人所在集团客户的统一授信额度管理，并按区域、行业、贷款品种等维度建立固定资产贷款和流动资金贷款的风险限额管理制度。

目前，我国大部分银行对客户的授信实行的是统一授信制度，即银行对单一法人客户或企业集团客户统一确定最高综合授信额度，实施集中统一控制客户信用风险的信贷管理制度。具体而言，统一授信是指银行作为一个整体，按照一定标准和程度，对单一客户统一确定授信额度，并加以集中统一控制的信用风险管理制度。统一授信项目中的业务品种包括贷款、商业汇票贴现、商业汇票承兑、保函等表内外授信业务，只要授信余额不超过对应的业务品种额度，在企业经营状况正常的前提下，企业可便捷地循环使用银行的授信资金，从而满足企业对金融服务快捷性和便利性的要求。

授信额度的决定因素

在授信业务中对一贷款企业进行授信额度的确认时，应在对以下因素进行评估和考虑的基础上做出决策：

（1）了解并测算借款企业的需求并对其借款原因进行分析。

（2）客户的还款能力，这主要取决于客户的现金流。

（3）借款企业对借贷金额的需求。

（4）银行或借款企业的法律或监督条款的限制，以及借款合同条款对公司借贷活动的限制。

（5）贷款组合管理的限制（限额管理）。

（6）银行的客户政策，即银行针对客户提出的市场策略，这取决于银行的风险偏好和银行对未来市场的判断，将直接影响对客户授信额度的大小。

（7）关系管理因素，即相对于其他银行或债权人，银行愿意提供给借款企业的贷款数额和关系盈利能力。

对于每一个借款人的授信额度，通常可以反映出这些因素中任意一个所指明的最低的数额，其中前两个因素需要银行借贷部门进行精细的分析。

授信额度的确定流程

在业务操作中，银行信贷部门应按照以下的流程来确定授信额度（如图 1-2-1 所示）：

图 1-2-1　确定授信额度的流程

1.2.2　单项授信业务实验

实验目的

（1）掌握单笔贷款授信业务的具体流程。

（2）掌握客户调查报告的基本撰写格式。

（3）对受信人的基本财务及非财务状况进行分析并给出风险评价及授信建议。

实验案例

安徽皖维高新材料股份有限公司于 1997 年成立，主要以化工、特种纤维、建材产品生产为主，经过数年经营，公司生产规模不断扩大，2013 年向某商业银行申请流动资金贷款 8 000 万元，双方于 6 月 15 日签订了借款合同，合同约定贷款利率在基准利率 5.75% 的基础上下浮 10%，借款期限为 3 年，并以三栋总价值 1.2 亿元的厂房作为抵押，同时该商业银行建立单项授信关系，商业银行给予该公司授信额度敞口 8 000 万元，业务品种为流动资金贷款，还款方式为分期等额还款。

该笔单项授信业务现提交支行进行办理，在为其办理授信业务之前，先参照章节1.1.3的实验内容，为该公司办理抵押物担保业务。完成担保业务后，再处理单项授信业务。授信业务的办理流程中，银行方的审查、审批顺序为支行信贷员→支行信贷科→支行分管行长→支行行长→总行信贷部→总行行长。请按该业务操作顺序，分别扮演不同银行部门角色完成对借款人的授信。

实验步骤

操作1：用自己的学生账号登录信贷业务及风险管理模拟平台，选择界面左侧的 客户信息 图标，弹出客户信息窗口；在弹出窗口左侧的导航栏中选择 登记查询 →导入客户信息 ，在客户类型下拉选项框中选择"企业客户"后点击"查询"。在窗口罗列的企业客户列表中，找到实验案例所涉及业务办理的公司，即"安徽皖维高新材料股份有限公司"，选中公司后，点击窗口右上方的 导入客户信息 按钮，便可在登记查询 中查询到该公司名单。选择后，点击右上方的 锁定 按钮，对该公司进行系统锁定。

操作2：将鼠标按界面标识移动至模拟平台界面边缘，系统自动弹出 我的任务 操作任务列表，在列表中找到"单项授信"业务，点击 ☆操作 → 开启任务 ，该业务在系统中便正式开启。在开始业务操作之前，可先点击"任务详情"，仔细浏览申请该业务的公司情况说明。

操作3：由于该公司以三栋总价值1.2亿元的厂房作为抵押，因此在进行授信之前，先按照抵押物担保业务的实验步骤，对该公司的厂房办理抵押物担保业务（具体步骤参照章节1.1.3的实验内容）。

操作4：完成抵押担保业务后，回到"信贷业务"窗口，角色选择"支行信贷员"，点击左侧导航栏中的 授信业务 → 启动业务 ，在右侧列表界面选择 单项授信 ，系统弹出备选客户列表，在列表中选择实验案例中的贷款申请人"安徽皖维高新材料股份有限公司"，点击 启动 按钮，该企业便被列入"当前授信业务"中。点击左侧导

航栏中的 授信业务 → 当前授信业务 ，则可查看到当前处理的业务对象、工作类型、业务种类以及业务状态（如图 1-2-2 所示）。

	工作类型	业务对象	业务种类	状态
1	授信受理	安徽皖维高新材料股份有限公司	单项授信	业务受理

图 1-2-2　查看当前授信业务

双击该业务对象或选择后点击右上方的 受理 按钮，系统弹出"当前业务处理列表"（如图 1-2-3 所示），按处理列表中罗列的内容填写或添加相关文件。

客户信息

客户编号：Q0000008　　　　客户类型：企业客户　　　　客户名称：安徽皖维高新材料股份有限公司

当前业务处理列表

	工作名称	任务描述	业务状态
1	授信申请	授信申请	未填写
2	客户调查报告附件	客户调查报告附件	查看
3	我行融资情况(查看)	我行融资情况(查看)	查看
4	关联企业情况(查看)	关联企业情况(查看)	查看
5	关联主要财务指标(查看)	关联主要财务指标(查看)	查看
6	客户资料查看	客户资料查看	查看

图 1-2-3　填写或添加相关文件

（1）授信申请的填写：双击"授信申请"任务，弹出"授信情况"窗口，点击右上方的 新增 按钮，在"新增-授信信息"窗口中填写授信种类、还款方式、授信额度、起始日期、结束日期。本案例中，企业客户是申请的流动资金贷款 8 000 万元，填写内容如图 1-2-4 所示。注意在新增完授信信息后，要在授信情况下方如图中标注所示，简要填写贷款用途及理由、偿债能力、存贷比例、有利及不利因素、贷后风险以及授信建议等内容。

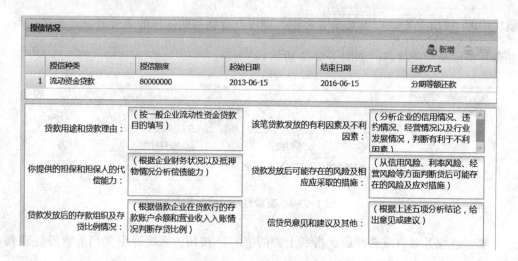

图 1-2-4 填写授信情况

（2）客户资料查看：业务处理列表的第六项为"客户资料查看"，双击进入可查询该企业客户的财务及非财务因素的详细信息，包括近三年财务报表情况、股本信息、部门信息、高管信息、资质证书及许可证信息、担保情况等（如图 1-2-5 所示）。根据客户资料，撰写一份详尽的《客户调查报告》。

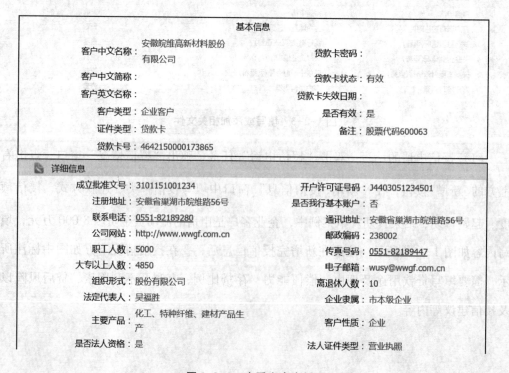

图 1-2-5 查看客户资料

（3）客户调查报告附件：双击"客户调查报告附件"，点击 新增 按钮，将撰写好的《客户调查报告》通过附件形式上传至信贷模拟系统中（如图 1-2-6 所示）。

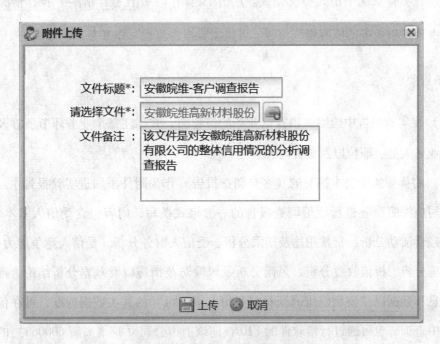

图 1-2-6 上传各户调查报告附件

上述任务列表填写或上传完成后，点击窗口下方的 提交 按钮，支行信贷员的授信初审部分便告完成。

操作 5：在界面右上方点击 角色切换 按钮，切换角色至"支行信贷科长"，点击左侧导航栏中的 当前授信业务 按钮，可看到该单项授信业务的状态已切换至"支行信贷科审批"。选择业务对象后，点击 受理 按钮，并对之前支行信贷员填写的内容进行复查，确认没问题后，选择"同意"，并点击 提交 按钮。若存在问题，则选择"不同意"，将业务打回支行信贷员重新审查。

操作 6：完成后，继续切换角色至"支行分管行长"，重复操作 5 的步骤，按照商业银行由下至上的审查、审批原则，分别完成支行行长审批、总行信贷部初审员审查、总行信贷部副经理复审以及总行行长审批后，切换回支行信贷员角色完成单项授信业务的确认。

操作7：上述任务完成后，在"我的任务"栏中，点击 ☆操作 → 提交任务 ，该项业务便在实验系统中正式提交完成。点击 ☆操作 → 任务详情 → 操作情况 ，可以查看办理该项业务的所有操作流程，可供实验报告流程写作参考。

实验报告要求

（1）在实验报告中绘制单项授信业务的流程图，并标注每个业务环节所涉及的银行信贷业务人员、职位以及负责内容。

（2）将操作4中要求撰写的《客户调查报告》作为附件添加进实验报告中。注意报告撰写应按照商业银行授信调查报告的一般格式撰写，内容包含受信人基本情况、受信人经营活动分析、贷款用途及期限分析、受信人财务分析、受信人竞争能力分析、担保措施分析、授信收益分析、风险分析及风险防范措施以及基本分析结论。撰写报告的信息和数据以"安徽皖维高新材料股份有限公司"的真实数据为准，可在信贷模拟平台中查询，也可通过行情软件的F10查询该上市公司（皖维高新600063）的详细数据。

1.2.3 年度统一授信业务实验

实验目的

（1）熟悉统一授信的基本概念及其与单项授信业务的区别。

（2）掌握年度统一授信业务的基本流程。

（3）了解年度统一授信额度核定的方法。

实验案例

2014年年初，某银行对陕西炼石有色资源股份有限公司年度统一授信额度为3 000万元。2014年4月20日，陕西炼石有色资源股份有限公司为铼钼分离项目的开发，拟斥资5 000万元采购设备、兴建厂房等，为此向该行的某县支行贷款1 000万元的流动资金，借款期限为 5 年，还款方式为分期非等额还款，公司以一栋办公楼（价值 1 300 万元）和两辆加长奔驰轿车（价值 200 万元）设定抵押，并办理了抵押登记。

该笔年度统一授信业务现提交支行进行办理，在为其办理授信业务之前，先参照章节 1.1.3 的实验内容，为该公司办理抵押物担保业务。完成担保业务后，再处理年度统一授信业务。授信业务的办理流程中，银行方的审查、审批顺序为支行信贷员→支行信贷科→支行分管行长→支行行长→总行信贷部→总行行长。请按该业务操作顺序，分别扮演不同银行部门角色完成对借款人的授信。

实验步骤

操作 1：用自己的学生账号登录信贷业务及风险管理模拟平台，选择界面左侧的 客户信息 图标，弹出客户信息窗口；在弹出窗口左侧的导航栏中选择 登记查询 → 导入客户信息 ，在客户类型下拉选项框中选择"企业客户"后点击"查询"。在窗口罗列的企业客户列表中，找到实验案例所涉及业务办理的公司，即"陕西炼石有色资源股份有限公司"，选中公司后，点击窗口右上方的 导入客户信息 按钮，便可在 登记查询 中查询到该公司名单。选择后，点击右上方的 锁定 按钮，对该公司进行系统锁定。

操作 2：将鼠标按界面标识移动至模拟平台界面边缘，系统自动弹出 我的任务 操作任务列表，在列表中找到"年度统一授信"业务，点击 ☆操作 → 开启任务 ，该业务在系统中便正式开启。在开始业务操作之前，可先点击"任务详情"，仔细浏览申请该业务的公司情况说明。

操作 3：由于该公司以一栋办公楼（价值 1 300 万元）和两辆加长奔驰轿车（价值 200 万元）设定抵押，因此在进行统一授信之前，先按照抵押物担保业务的实验步骤，对该公司的办公楼和轿车办理抵押物担保业务（具体步骤参照章节 1.1.3 的实验内容）。

操作 4：完成抵押担保业务后，回到信贷业务窗口，角色选择"支行信贷员"，点击左侧导航栏中的 授信业务 → 启动业务，在右侧列表界面选择 年度统一授信，系统弹出备选客户列表，在列表中选择实验案例中的贷款申请人"陕西炼石有色资源股份有限公司"，点击 启动 按钮，该企业便被列入"当前授信业务"中。点击左侧导航栏中的 授信业务 → 当前授信业务，则可查看到当前处理的业务对象、工作类型、业务种类以及业务状态（如图 1-2-7 所示）。

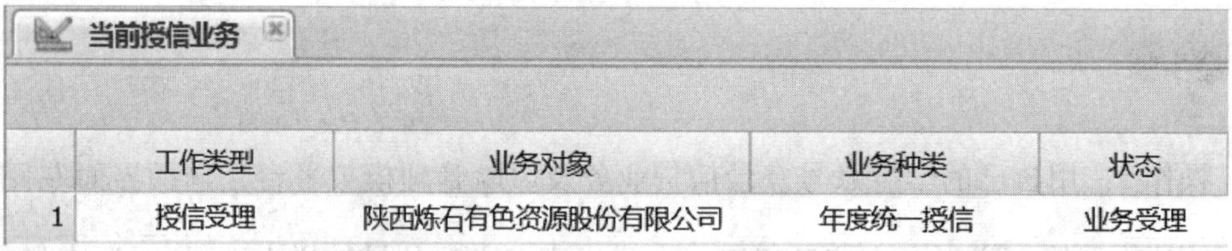

	工作类型	业务对象	业务种类	状态
1	授信受理	陕西炼石有色资源股份有限公司	年度统一授信	业务受理

图 1-2-7　查看当前授信业务

双击该业务对象或选择后点击右上方的 受理 按钮，系统弹出"当前业务处理列表"，按处理列表中罗列的内容填写或添加相关文件。

（1）年度授信申请的填写：双击"年度统一授信"任务，弹出"客户信息"及"授信情况"窗口，首先在"授信情况"右上方点击 新增 按钮，在"新增-授信信息"窗口中填写授信种类、还款方式、授信额度、起始日期、结束日期。本案例中，企业客户的年度统一授信额度为 3 000 万元，客户在年度统一授信额度以内申请的 1 000 万元流动性资金贷款，因此先新增一笔流动资金贷款（如图 1-2-8 所示），新增完成后，该笔授信数据便会出现在上方的"客户信息"窗口中（如图 1-2-9 所示）。然后，按要求完善"客户信息"表格的内容，主要包括企业发展前景、银企合作关系等非定性分析和授信额度核定等定性分析指标。

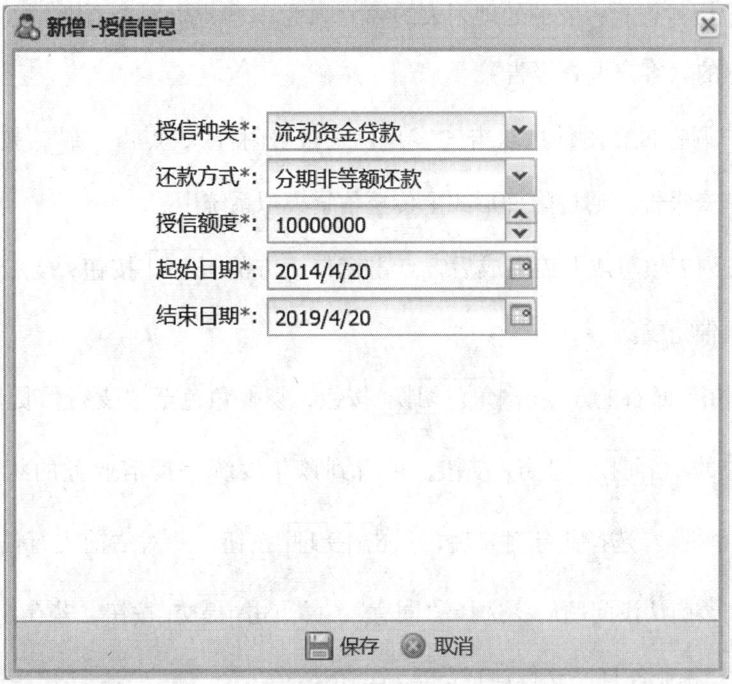
新增 -授信信息
授信种类*:
流动资金贷款
还款方式*:
分期非等额还款
授信额度*:
10000000
起始日期*:
2014/4/20
结束日期*:
2019/4/20
保存
取消

图 1-2-8　新增授信信息

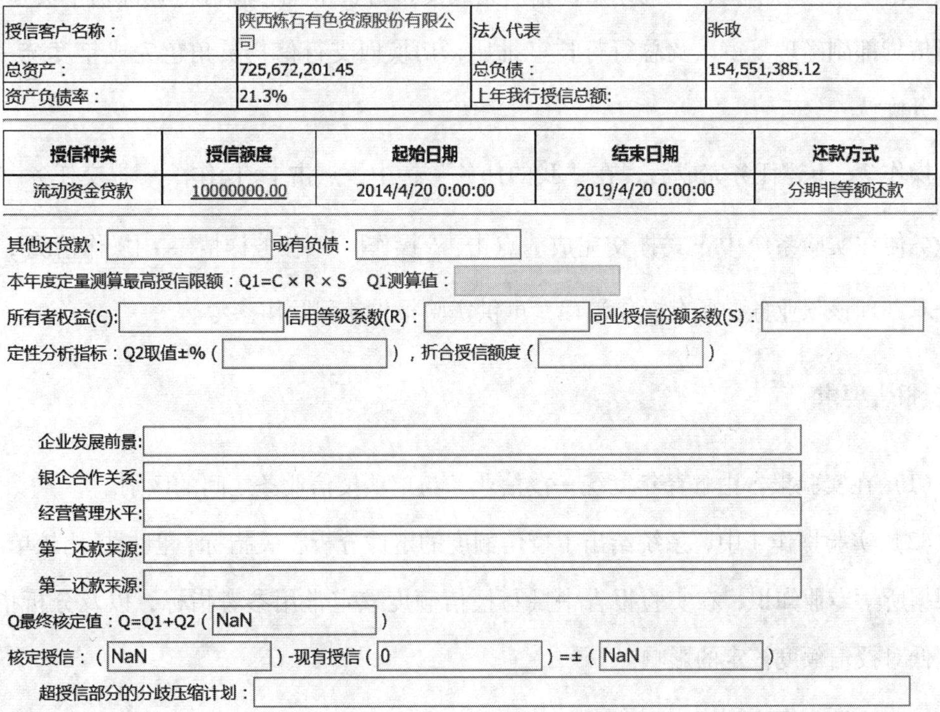
授信客户名称：
陕西炼石有色资源股份有限公司
法人代表
张政
总资产：
725,672,201.45
总负债：
154,551,385.12
资产负债率：
21.3%
上年我行授信总额:
授信种类
授信额度
起始日期
结束日期
还款方式
流动资金贷款
10000000.00
2014/4/20 0:00:00
2019/4/20 0:00:00
分期非等额还款
其他还贷款：
或有负债：
本年度定量测算最高授信限额：Q1=C × R × S　Q1测算值：
所有者权益(C):
信用等级系数(R)：
同业授信份额系数(S)：
定性分析指标：Q2取值±%（　），折合授信额度（　）
企业发展前景:
银企合作关系:
经营管理水平:
第一还款来源:
第二还款来源:
Q最终核定值：Q=Q1+Q2（NaN）
核定授信：（NaN）-现有授信（0）=±（NaN）
超授信部分的分歧压缩计划：

图 1-2-9　填写客户信息

（2）客户资料查看：业务处理列表的第六项为"客户资料查看"，根据客户资料，撰写一份详尽的《客户调查报告》。

（3）客户调查报告附件：双击"客户调查报告附件"，点击 新增 按钮，将撰写好的《客户调查报告》通过附件形式上传至信贷模拟系统中。

上述任务列表填写或上传完成后，点击窗口下方的 提交 按钮，支行信贷员的授信初审部分便告完成。

操作 5：在界面右上方点击 角色切换 按钮，切换角色至"支行信贷科长"，点击左侧导航栏中的 当前授信业务 按钮，可看到该年度统一授信业务的状态已切换至"支行信贷科审批"。选择业务对象后，点击 受理 按钮，并对之前支行信贷员填写的内容进行复查，确认没问题后，选择"同意"，并点击 提交 按钮。若存在问题，则选择"不同意"，将业务打回支行信贷员重新审查。

操作 6：完成后，继续切换角色至"支行分管行长"，重复操作 5 的步骤，按照商业银行由下至上的审查、审批原则，分别完成支行行长审批、总行信贷部初审员审查、总行信贷部副经理复审以及总行行长审批后，切换回支行信贷员角色完成年度统一授信业务确认。

操作 7：上述任务完成后，在"我的任务"栏中，点击 ☆操作 → 提交任务 ，该项业务便在实验系统中正式提交完成。点击 ☆操作 → 任务详情 → 操作情况 ，可以查看办理该项业务的所有操作流程，可供实验报告流程写作参考。

实验报告要求

（1）在实验报告中解释年度统一授信业务与单项授信业务之间的区别。

（2）实验操作 4 中，系统给出了授信额度的定性分析相关指标，但指标比较单一，请根据所学专业知识，在实验报告中撰写授信额度核定常用参考指标，以及分析指标值高低对授信额度核定的影响。

项目 1.3　企业贷款业务

1.3.1　企业贷款业务概述

企业贷款的概念

企业贷款也可称为公司贷款，是指企业为了生产经营的需要，向银行或其他金融机构按照规定利率和期限的一种借款方式。企业的贷款主要是用来进行固定资产购建、技术改造等大额长期投资，也可用于短期临时资金周转需要的流动性资金贷款等。企业贷款是银行信贷业务的主体，属于公司信贷的表内业务。

企业贷款业务的种类

目前商业银行企业贷款业务的种类有很多划分方式，如按期限可划分为短期、中期、长期贷款，按用途划分为流动资金和固定资产贷款，按有无担保划分为信用贷款和担保贷款，按贷款利率划分为固定利率贷款和浮动利率贷款等。我国大部分商业银行在处理企业向银行申请贷款时，一般是按照贷款用途来细分业务种类进行申请和受理的。常见的银行企业贷款业务种类如表 1-3-1 所示：

表 1-3-1　　　　　　　　　常见的银行企业贷款业务种类

流动资金贷款	流动资金贷款是为满足借款企业在生产经营过程中临时性、季节性的资金需求，保证生产经营活动的正常进行而发放的贷款。 其特点是期限灵活，能够满足借款企业临时性、短期和中期流动资金需求，按期限可分为临时流动资金贷款、短期流动资金贷款和中期流动资金贷款。 临时贷款是指期限在 3 个月（含 3 个月）以内的流动资金贷款，主要用于企业一次性进货的临时需要和弥补其他季节性支付资金不足。 短期贷款是指期限为 3 个月至 1 年（不含 3 个月，含 1 年）的流动资金贷款，主要用于企业正常生产经营周转的资金需求。 中期贷款是指期限为 1 年至 3 年（不含 1 年，含 3 年）的流动资金贷款，主要用于企业正常生产经营中经常性的周转占用和铺底流动资金贷款。

表1-3-1(续)

固定资产贷款	固定资产贷款是指银行向借款企业发放的用于固定资产项目投资的中长期本外币贷款，一般包括基本建设贷款和技术改造贷款。 基本建设贷款是指用于经有权机关批准的基本建设项目的中长期贷款。基本建设项目是指按一个总体设计，由一个或几个单项工程所构成或组成的工程项目的总和，包括新建项目、扩建项目、全厂性迁建项目、恢复性重建项目等。 技术改造贷款是指用于经有权机关批准的技术改造项目的中长期贷款。技术改造项目是指在企业原有生产经营的基础上，采用新技术、新设备、新工艺、新材料，推广和应用科技成果进行的更新改造工程。
房地产贷款	房地产贷款是指与房产或地产的开发、经营、消费活动有关的贷款，主要包括土地储备贷款、房地产开发贷款。 土地储备贷款是指向借款人发放的用于土地收购及土地前期开发、整理的贷款。 房地产开发贷款是指向借款人发放的用于开发、建造、向市场销售、出租等用途的房地产项目的贷款。包含住房开发贷款和商用房开发贷款。
项目融资贷款	项目融资贷款是指符合以下特征的贷款： ①贷款用途通常是用于建造一个或一组大型生产装置、基础设施、房地产项目或其他项目，包括对在建或已建项目的再融资； ②借款人通常是为建设、经营该项目或为该项目融资而专门组建的企业、事业法人，包括主要从事该项目建设、经营或融资的既有企业、事业法人； ③还款资金来源主要依赖该项目产生的销售收入、补贴收入或其他收入，一般不具备其他还款来源。
并购贷款	并购贷款是指商业银行向并购方或其子公司发放的，用于支付并购交易价款的贷款。

在本章节的项目实验中，还涉及按贷款偿还方式划分的贷款类别，即一次还清贷款和分期偿还贷款（企业按揭贷款）。前者是指借款人在贷款到期时一次性还清贷款本息（短期贷款通常采取一次还清贷款的还款方式）；后者是指借款人与银行约定在贷款期限内分若干期偿还贷款本金。中长期贷款采用分期偿还方式，中长期消费贷款还需按季或按月偿还贷款。

企业贷款基本申请条件

（1）符合国家的产业、行业政策，不属于高污染、高耗能的小企业。

（2）企业在各家商业银行信誉状况良好，没有不良信用记录。

（3）具有工商行政管理部门核准登记且年检合格的营业执照，持有人民银行核发并正常年检的贷款卡。

（4）有必要的组织机构、经营管理制度和财务管理制度，有固定依据和经营场所，合法经营，产品有市场、有效益。

（5）具备履行合同、偿还债务的能力，还款意愿良好，无不良信用记录，信贷资产风险分类为正常类或非财务因素影响的关注类。

（6）企业经营者或实际控制人从业经历在 3 年以上，素质良好，无不良个人信用记录。

（7）企业经营情况稳定，成立年限原则上在 2 年（含）以上，至少有一个及以上年度财务会计报告，且连续 2 年销售收入增长、毛利润为正值。

（8）符合建立与小企业业务相关的行业信贷政策。

（9）能遵守国家金融法规政策及银行有关规定。

（10）在申请行开立基本结算账户或一般结算账户。

企业贷款申请材料

（1）企业营业执照、组织机构代码证、开户许可证、税务登记证、公司章程、验资报告、贷款卡。

（2）近三年的年报，最近三个月的财务报表，公司近六个月的对公账单。

（3）经营场地租赁合同及租金支付凭据，近三个月的水、电费单。

（4）近六个月的各项税单，已签约的购销合同（若有）。

（5）企业名下的资产证明。

不同银行对企业贷款申请材料的要求有所差异。

1.3.2　企业流动资金贷款业务实验

实验目的

（1）掌握流动资金贷款的概念。

（2）熟悉流动资金贷款的审查项目及审查、审批流程。

（3）熟悉流动资金贷款的贷前客户贷款申请书、贷款合同、放款通知书等内容的填写。

实验案例

深圳市海王生物工程股份有限公司（以下简称"公司"）成立于1989年，注册资金7 460万元。公司经营范围主要为生产经营生物化学原料、制品、试剂及其他相关制品等。

2003年公司新项目正式经营，最初经营尚可，但是财务管理较为薄弱。2008年公司开始受到金融危机的影响，海外订单减少，公司的销售回款缓慢，应收账款数额巨大，导致公司对其供货商付款迟缓，影响了公司的信誉。

为了在年底使财务现金状况好转，支付部分应付账款以及员工工资，2008年10月15日，公司首次申请流动资金贷款1 200万元左右，银行给予该公司单项授信额度1 200万元，双方签订贷款合同，合同约定，贷款利率在基准利率5.75%的基础上下浮10%，期限3年，还款方式为分期非等额还款，抵押物为第三方位于深圳市的某写字楼，总面积为2 000平方米左右（价值1 900万元）。

实验步骤

操作1：用自己的学生账号登录信贷业务及风险管理模拟平台，选择界面左侧的 客户信息 图标，弹出客户信息窗口；在弹出窗口左侧的导航栏中选择 登记查询 → 导入客户信息 ，在客户类型下拉选项框中选择"企业客户"后点击"查询"。在窗口罗列的企业客户列表中，找到实验案例所涉及业务办理的公司，即"深圳市海王生物工程股份有限公司"，选中公司后，点击窗口右上方的 导入客户信息 按钮，便可在 登记查询 中查询到该公司名单。选择后，点击右上方的 锁定 按钮，对该公司进行系统锁定。

操作2：将鼠标按界面标识移动至模拟平台界面边缘，系统自动弹出 我的任务 操作任务列表，在列表中找到"企业流动资金贷款"业务，点击 ☆操作 → 开启任务 ，该业务在系统中便正式开启。在开始业务操作之前，可先点击"任务详情"，仔细浏览申请该业务的公司情况说明。

操作3：由于该公司以第三方位于深圳市的某写字楼做抵押担保，因此业务第一步是先按照抵押物担保业务的实验步骤，对该公司办理抵押物担保业务（具体步骤参照章节1.1.3的实验内容）。

操作4：按照案例说明，此次流动性贷款的授信额度为单项授信，因此在完成抵押担保后，为该公司进行单项授信业务，授信额度为1 200万元（具体步骤参照章节1.2.2的实验内容）。

操作5：完成担保和授信以后，回到信贷业务窗口，角色选择"支行信贷员"，点击左侧导航栏中的 企业贷款 → 启动业务 ，在右侧列表界面选择"企业流动资金贷款"，系统弹出备选客户列表，在列表中选择实验案例中的贷款申请人"深圳市海王生物工程股份有限公司"，点击 启动 按钮，该企业便被列入"当前信贷业务"中。点击左侧导航栏中的 企业贷款 → 当前信贷业务 ，则可查看到当前处理的业务对象、工作类型、业务种类以及业务状态（如图1-3-1所示）。

	工作类型	业务对象	业务种类	状态
1	贷款受理	深圳市海王生物工程股份有限公司	企业流动资金贷款	业务受理

图1-3-1　启动业务

双击该业务对象或选择后点击右上方的 受理 按钮，系统弹出"当前业务处理列表"，依次填写任务列表中要求的内容（如图1-3-2所示）。

（1）贷款申请：双击"贷款申请"，在弹出贷款申请表格后，按申请企业实际情况填写 * 标注的必填信息（如图1-3-3所示）。填写时注意，利率要由年利率转换为月利率，若有利率上、下浮情况，将上、下浮幅度填写进表格，系统会自动计算出浮动月利率，不需要自行计算。

图 1-3-2　打开当前信贷业务窗口

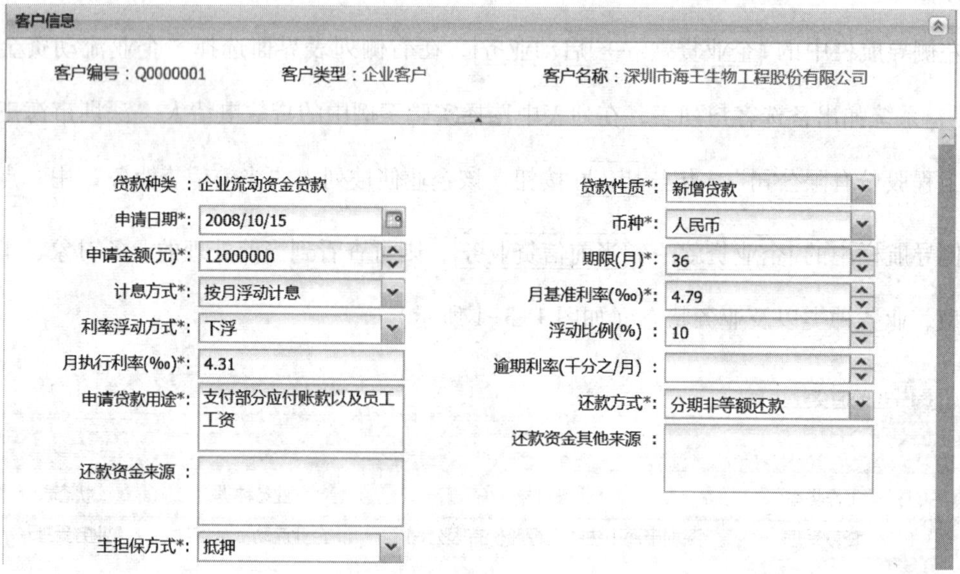

图 1-3-3　填写信息

（2）业务担保信息：在"新增-业务担保信息"中，按企业担保的实际情况选填担保方式、币种、担保金额、是否有效以及担保属性（如图 1-3-4 所示）。其中，担保金额一般与贷款授信额度一致；担保属性分逐笔担保和最高额担保，若企业是单项授信，那就是选择逐笔担保，若企业是年度统一授信，在统一授信下有多项信贷业务，则选最高额担保；合同编号的填写要与操作 3 完成的抵押担保业务中生成的抵押合同号一致。

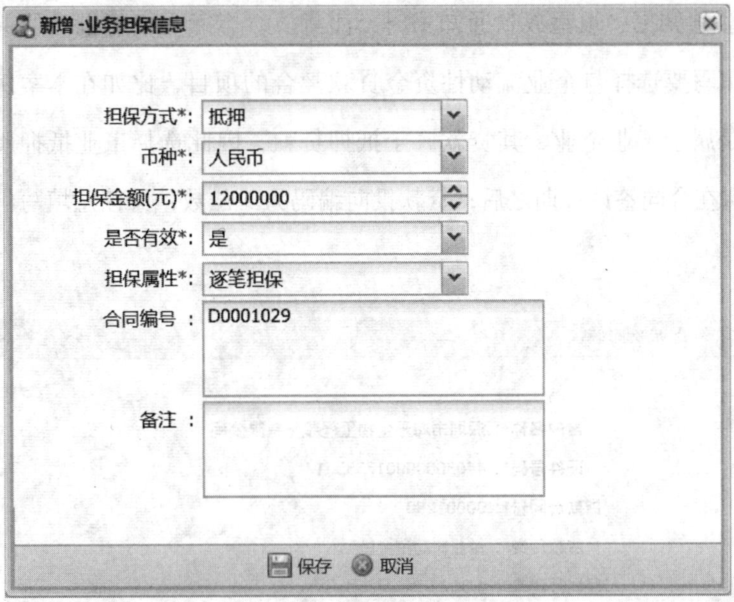

图 1-3-4 新增业务担保信息

（3）贷款合同：当填写完贷款申请表格与业务担保信息之后，贷款合同内容会基于已填写信息自动生成，只需要填写合同起止日期以及签约日期即可保存（如图 1-3-5 所示）。

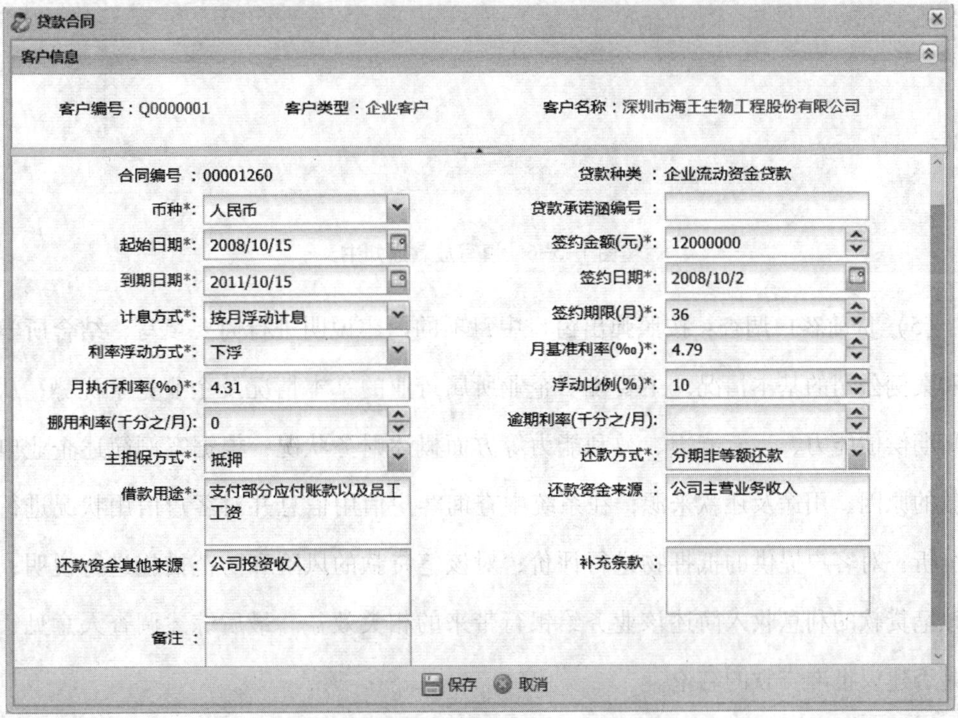

图 1-3-5 保存贷款合同

（4）放款通知书：填写放款通知书时，注意放款金额与银行批准的单项授信金额一致；科目填写要选择与企业流动性资金贷款契合的项目，比如在本案例中，海王生物工程公司是属于工业企业，其贷款属于抵押贷款，因此选择工业抵押质押贷款；放款日期要确保在合同签订日期之后；贷款投向编码为 5 位数，可任意填写（如图 1-3-6 所示）。

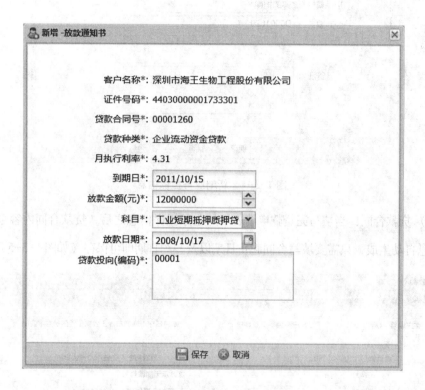

图 1-3-6　填写放款通知书

（5）贷前客户调查：按照弹出窗口中每项的内容说明进行简要填写，结合所学知识和案例公司的基本情况，主要说明企业所属行业的基本情况及企业竞争优势；从长期短期偿债能力、运营能力、盈利能力等方面概述财务状况；根据案例简述企业申请贷款的原因、用途及还款来源；在系统中查询客户信用信息并对客户信用状况进行简要分析；对客户提供的抵押物进行评价；对该笔贷款的风险和防范措施进行说明；结合该笔贷款的利息收入简述该业务给银行带来的相关效益。最后综述调查人意见，给出是否建议批准贷款的结论。

上述任务列表填写完成后，点击窗口下方的 提交 按钮，支行信贷员的授信初审部分便告完成。

操作 6：在界面右上方点击 角色切换 按钮，切换角色至"支行信贷科长"，点击左侧导航栏中的 当前信贷业务 按钮，可查看到该贷款业务的状态已切换至"支行信贷科审批"。选择业务对象后，点击 受理 按钮，并对之前支行信贷员填写的内容进行复查，确认没问题后，选择"同意"，并点击 提交 按钮。若存在问题，则选择"不同意"，将业务打回支行信贷员重新审查。完成后，继续切换角色至"支行分管行长"，按照商业银行由下至上的审查、审批原则，最后将业务提交至支行行长审批后，切换回支行信贷员角色完成该项企业流动资金贷款业务的确认。

操作 7：上述任务完成后，在"我的任务"栏中，点击 ☆操作 → 提交任务，该项业务便在实验系统中正式提交完成。点击 ☆操作 → 任务详情 → 操作情况，可以查看办理该项业务的所有操作流程，可供实验报告流程写作参考。

实验报告要求

（1）在实验报告中绘制企业流动资金贷款业务的流程图，并标注每个业务环节所涉及的银行信贷业务人员、职位以及负责内容。

（2）在系统的客户信息中查询深圳市海王生物工程股份有限公司的实际情况，根据系统给出的相关信息和数据，对操作 5 当中的"贷前调查报告"中要求撰写的内容进行详细分析，并在实验报告中呈现。

1.3.3　企业房地产贷款业务实验

实验目的

（1）掌握企业房地产贷款的概念。

（2）熟悉房地产贷款的审查项目及审查、审批流程。

（3）熟悉房地产贷款的贷前客户贷款申请书、贷款合同、放款通知书等内容的填写。

（4）掌握商业用房开发贷款与住房开发贷款的区别。

实验案例

浙江久立特材科技股份有限公司成立于 1988 年，注册资本 31 200 万元，法定代表人周志江。2015 年 3 月 28 日以开发"北亚大厦"和"黄金公寓"为由向银行申请贷款 3 亿元。银行给予该公司单项授信额度 3 亿元。双方签订借款合同，合同约定，贷款利率在基准利率 5.75% 的基础上下浮 12%，期限为 5 年，还款方式为按月结息，到期还本，并由中核华原钛白股份有限公司提供连带责任保证担保。

该笔房地产贷款业务现提交支行进行办理，在为其办理授信业务之前，先参照章节 1.1.2 的实验内容，为该公司办理保证担保业务。完成担保业务后，再处理 3 亿元的单项授信业务。最后，在房地产贷款业务的办理流程中，银行方的审查、审批顺序为支行信贷员→支行信贷科→支行分管行长→支行行长。请按该业务操作顺序，分别扮演不同银行部门角色完成对借款人的房地产贷款受理和放款。

实验步骤

操作 1：用自己的学生账号登录信贷业务及风险管理模拟平台，选择界面左侧的 客户信息 图标，弹出客户信息窗口；在弹出窗口左侧的导航栏中选择 登记查询 → 导入客户信息 ，在客户类型下拉选项框中选择"企业客户"后点击"查询"。在窗口罗列的企业客户列表中，找到实验案例所涉及业务办理的公司，即"浙江久立特材科技股份有限公司"，选中公司后，点击窗口右上方的 导入客户信息 按钮，便可在 登记查询 中查询到该公司名单。选择后，点击右上方的 锁定 按钮，对该公司进行系统锁定。同时导入"中核华原钛白股份有限公司"，因为该公司为浙江久立特的保证人。

操作 2：将鼠标按界面标识移动至模拟平台界面边缘，系统自动弹出 我的任务 操作任务列表，在列表中找到"企业房地产贷款"业务，点击 ☆操作 → 开启任务 ，该业务在系统中便正式开启。在开始业务操作之前，可先点击"任务详情"，仔细浏览申请该业务的公司情况说明。

操作 3：由于该公司由中核华原钛白股份有限公司提供连带责任保证担保，因此业务第一步是先按照保证人担保业务的实验步骤，对该公司办理保证担保业务（具体步骤参照章节 1.1.2 的实验内容）。

操作 4：按照案例说明，此次房地产贷款的授信额度为单项授信，因此在完成保证担保后，为该公司进行单项授信业务的办理，授信额度为 3 亿元（具体步骤参照章节 1.2.2 的实验内容）。

操作 5：完成担保和授信以后，回到"信贷业务"窗口，角色选择"支行信贷员"，点击左侧导航栏中的 企业贷款 → 启动业务 ，在右侧列表界面选择"企业房地产贷款"，系统弹出备选客户列表，在列表中选择实验案例中的贷款申请人"浙江久立特材科技股份有限公司"，点击 启动 按钮，该企业便被列入"当前信贷业务"中。点击左侧导航栏中的 企业贷款 → 当前信贷业务 ，则可查看到当前处理的业务对象、工作类型、业务种类以及业务状态。

双击该业务对象或选择后点击右上方的 受理 按钮，系统弹出"当前业务处理列表"，依次填写任务列表中要求的内容（具体填写要求参照章节 1.3.2 的实验步骤）。上述任务列表填写完成后，点击窗口下方的 提交 按钮，支行信贷员的授信初审部分便告完成。

操作 6：在界面右上方点击 角色切换 按钮，切换角色至"支行信贷科长"，点击左侧导航栏中的 当前信贷业务 按钮，可查看到该贷款业务的状态已切换至"支行信贷科审批"。选择业务对象后，点击 受理 按钮，并对之前支行信贷员填写的内容进行复查，确认没问题后，选择"同意"，点击 提交 按钮。若存在问题，则选择"不同意"，将业务打回支行信贷员重新审查。完成后，继续切换角色至"支行分管行长"，按照商业银行由下至上的审查、审批原则，完成支行行长审批后，切换回支行信贷员角色完成该项企业房地产贷款业务的确认。

操作 7：上述任务完成后，在"我的任务"栏中，点击 ☆操作 → 提交任务 ，该项业务便在实验系统中正式提交完成。点击 ☆操作 → 任务详情 → 操作情况，可以查看办理该项业务的所有操作流程，可供实验报告流程写作参考。

实验报告要求

（1）在实验报告中绘制企业房地产贷款业务的流程图，并标注每个业务环节所涉及的银行信贷业务人员、职位以及负责内容。

（2）在本章节案例中，若浙江久立特准备贷款开发的"北亚大厦"为商用房开发项目，而"黄金公寓"为住房开发项目，请自行调查我国各大商业银行的企业房地产贷款业务的相关信息，对比我国现今商业银行在商用房开发贷款和住房开发贷款业务要求中的区别。

1.3.4 企业固定资产贷款业务实验

实验目的

（1）掌握企业固定资产贷款的概念。

（2）了解企业房地产贷款与固定资产贷款的区别。

（3）熟悉固定资产贷款的审查项目及审查、审批流程。

（4）熟悉固定资产贷款的贷前客户贷款申请书、贷款合同、放款通知书等内容的填写。

（5）掌握一笔保证贷款业务中连带责任担保与一般担保的区别。

实验案例

中核华原钛白股份有限公司因生产经营需要拟对现有生产车间进行扩建，扩建项目总建筑面积 14 767 平方米，总投资规模 7 亿元，为此中核华原钛白股份有限公司向甘肃某银行申请项目建设贷款 3 亿元，该项目取得全部审批文件，项目符合国家的产业、土地、环保等相关政策额，并按规定履行了固定资产投资项目的合法管理程序。

2015 年 3 月 9 日，该银行对中核华原钛白股份有限公司单项授信 3 亿元，同时中核华原钛白有限公司与银行签订了借款合同，合同约定借款期限为 5 年，贷款利率在基准利率 5.75%的基础上下浮 12%，还款方式为分期等额还款。同时浙江久立特材科技股份有限公司为其提供连带责任保证担保。

该笔固定资产贷款业务现提交支行进行办理，在为其办理贷款业务之前，先参照章节 1.1.2 和 1.2.2 的实验内容，为该公司办理保证担保业务和单项授信业务。在处理固定资产贷款业务的办理流程中，银行方的审查、审批顺序为支行信贷员→支行信贷科→支行分管行长→支行行长。请按该业务操作顺序，分别扮演不同银行部门角色完成对借款人的固定资产贷款受理和放款。

实验步骤

操作 1：用自己的学生账号登录信贷业务及风险管理模拟平台，选择界面左侧的 客户信息 图标，弹出客户信息窗口；在弹出窗口左侧的导航栏中选择 登记查询 → 导入客户信息 ，在客户类型下拉选项框中选择"企业客户"后点击"查询"。在窗口罗列的企业客户列表中，找到实验案例所涉及业务办理的公司，即"中核华原钛白股份有限公司"，选中公司后，点击窗口右上方的 导入客户信息 按钮，便可在 登记查询 中查询到该公司名单。选择后，点击右上方的 锁定 按钮，对该公司进行系统锁定。同时导入"浙江久立特材科技股份有限公司"，因为该公司为中核华原钛白的保证人。

操作 2：将鼠标按界面标识移动至模拟平台界面边缘，系统自动弹出 我的任务 操作任务列表，在列表中找到"企业固定资产贷款"业务，点击 ☆操作 → 开启任务 ，该业务在系统中便正式开启。在开始业务操作之前，可先点击"任务详情"，仔细浏览申请该业务的公司情况说明。

操作 3：由于该公司由浙江久立特材科技股份有限公司提供连带责任保证担保，因此业务第一步是先按照保证人担保业务的实验步骤，对该公司办理保证担保业务（具体步骤参照章节 1.1.2 的实验内容）。

操作 4：按照案例说明，此次固定资产贷款的授信额度为单项授信，因此在完成保证担保后，为该公司进行单项授信业务的办理，授信额度为 3 亿元（具体步骤参照章节 1.2.2 的实验内容）。

操作 5：完成担保和授信以后，回到信贷业务窗口，角色选择"支行信贷员"，点击左侧导航栏中的 企业贷款 → 启动业务 ，在右侧列表界面选择 企业固定资产贷款 ，系统弹出备选客户列表，在列表中选择实验案例中的贷款申请人"中核华原钛白股份有限公司"，点击 启动 按钮，该企业便被列入"当前信贷业务"中。点击左侧导航栏中的 企业贷款 → 当前信贷业务 ，则可查看到当前处理的业务对象、工作类型、业务种类以及业务状态。双击该业务对象或选择后点击右上方的 受理 按钮，系统弹出"当前业务处理列表"，依次填写任务列表中要求的内容（具体填写要求参照章节 1.3.2 的实验步骤）。上述任务列表填写完成后，点击窗口下方的 提交 按钮，支行信贷员的授信初审部分便告完成。

操作 6：在界面右上方点击 角色切换 按钮，切换角色至"支行信贷科长"，点击左侧导航栏中的 当前信贷业务 ，可查看到该贷款业务的状态已切换至"支行信贷科审批"。选择业务对象后，点击 受理 按钮，并对之前支行信贷员填写的内容进行复查，确认没问题后，选择"同意"，并点击 提交 按钮。若存在问题，则选择"不同意"，将业务打回支行信贷员重新审查。完成后，继续切换角色至"支行分管行长"，按照商业银行由下至上的审查、审批原则，完成支行行长审批后，切换回支行信贷员角色，完成该项企业固定资产贷款业务的确认。

操作 7：上述任务完成后，在"我的任务"栏中，点击 ☆操作 → 提交任务 ，该项业务便在实验系统中正式提交完成。点击 ☆操作 → 任务详情 → 操作情况 ，可以查看办理该项业务的所有操作流程，可供实验报告流程写作参考。

实验报告要求

（1）在实验报告中绘制企业固定资产贷款业务的流程图，并标注每个业务环节所涉及的银行信贷业务人员、职位以及负责内容。

（2）在本章节案例与上一章节的案例中，中核华原钛白股份有限公司与浙江久立特材科技股份有限公司互为对方的连带责任保证人。回顾连带责任保证与一般保证的区别，结合本次固定资产贷款业务案例，若中核华原钛白无法按期归还银行贷款，在银行催款后仍无法还款，导致银行向其及其保证人提出诉讼，请在实验报告中简述在诉讼中银行、中核华原钛白以及浙江久立特三者之间的关系，以及各自应有的权利和义务。

1.3.5　企业质押贷款业务实验

实验目的

（1）掌握企业质押贷款的概念。

（2）了解企业质押贷款与抵押贷款的区别。

（3）熟悉企业质押贷款的审查项目及审查、审批流程。

（4）掌握企业质押贷款中质物可能存在的风险因素。

（5）了解我国现今各商业银行的企业质押贷款业务中允许的质物种类。

实验案例

福建省青山纸业股份有限公司始建于 1958 年，主营"青山牌"纸袋纸及卡纸系列产品的生产和销售。2015 年 3 月 15 日，福建省青山纸业股份有限公司向某银行的厦门分行申请授信 3 300 万元，以所持有在交易所注册登记的标准仓单（价值 5 000 万元）做质押并贷款 3 000 万元进行周转，借款期限为 1 年，贷款利率 5.75%，还款方式为分期非等额还款。

该笔企业质押贷款业务现提交支行进行办理，在为其办理贷款业务之前，先参照章节 1.1.4 和 1.2.3 的实验内容，为该公司办理质押物担保业务和年度统一授信业务。在处理企业质押贷款业务的办理流程中，银行方的审查、审批顺序为支行信贷员→支行信贷科→支行分管行长→支行行长。请按该业务操作顺序，分别扮演不同银行部门角色完成对借款人的质押贷款受理和放款。

实验步骤

操作1：用自己的学生账号登录信贷业务及风险管理模拟平台，选择界面左侧的 客户信息 图标，弹出客户信息窗口；在弹出窗口左侧的导航栏中选择 登记查询 → 导入客户信息 ，在客户类型下拉选项框中选择"企业客户"后点击"查询"。在窗口罗列的企业客户列表中，找到实验案例所涉及业务办理的公司，即"福建省青山纸业股份有限公司"，选中公司后，点击窗口右上方的 导入客户信息 按钮，便可在 登记查询 中查询到该公司名单。选择后，点击右上方的 锁定 按钮，对该公司进行系统锁定。

操作2：将鼠标按界面标识移动至模拟平台界面边缘，系统自动弹出 我的任务 操作任务列表，在列表中找到"企业仓单质押贷款"业务，点击 ☆操作 → 开启任务 ，该业务在系统中便正式开启。在开始业务操作之前，可先点击"任务详情"，仔细浏览申请该业务的公司情况说明。

操作3：由于该公司以所持有在交易所注册登记的标准仓单（价值5 000万元）做质押担保，因此业务第一步是先按照质押担保业务的实验步骤，对该公司办理质押担保业务（具体步骤参照章节1.1.4的实验内容）。在此注意，由于该公司所持有的仓单担保的是其在银行一定时期内容的综合信贷业务，而非3 000万元的流动资金贷款，因此，仓单质押贷款额应为3 300万元（如图1-3-7所示）。

	质押合同号	质押物性质	质押物类型	质押金额
1	Z0000061	权证	其他权力	33000000

图1-3-7 办理质押担保业务

操作4：按照案例说明，此次固定资产贷款的授信额度应为年度统一授信，因此在完成质押物担保后，为该公司办理统一授信业务，授信额度为3 300万元（具体步骤参照章节1.2.3的实验内容）。

操作5：完成担保和授信以后，回到信贷业务窗口，角色选择"支行信贷员"，点

击左侧导航栏中的 企业贷款 → 启动业务 ，在右侧列表界面选择 企业仓单质押贷款 ，系统弹出备选客户列表，在列表中选择实验案例中的贷款申请人"福建省青山纸业股份有限公司"，点击 启动 按钮，该企业便被列入"当前信贷业务"中。点击左侧导航栏中的 企业贷款 → 当前信贷业务 ，则可查看到当前处理的业务对象、工作类型、业务种类以及业务状态。双击该业务对象或选择后点击右上方的 受理 按钮，系统弹出"当前业务处理列表"，依次填写任务列表中要求的内容（具体填写要求参照章节 1.3.2 的实验步骤）。上述任务列表填写完成后，点击窗口下方的 提交 按钮，支行信贷员的授信初审部分便告完成。

操作 6：在界面右上方点击 角色切换 按钮，切换角色至"支行信贷科长"，点击左侧导航栏中的 当前信贷业务 按钮，可查看到该贷款业务的状态已切换至"支行信贷科审批"。选择业务对象后，点击 受理 按钮，并对之前支行信贷员填写的内容进行复查，确认没问题后，选择"同意"，并点击 提交 按钮。若存在问题，则选择"不同意"，将业务打回支行信贷员重新审查。完成后，继续切换角色至"支行分管行长"，按照商业银行由下至上的审查、审批原则，完成支行行长审批后，切换回支行信贷员角色，完成该项企业仓单质押贷款业务的确认。

操作 7：上述任务完成后，在"我的任务"栏中，点击 ☆操作 → 提交任务 ，该项业务便在实验系统中正式提交完成。点击 ☆操作 → 任务详情 → 操作情况 ，可以查看办理该项业务的所有操作流程，可供实验报告流程写作参考。

实验报告要求

（1）在实验报告中绘制企业仓单质押贷款业务的流程图，并标注每个业务环节所涉及的银行信贷业务人员、职位以及负责内容。

（2）在本章节案例中出现的质押贷款质物为企业仓单，而一般商业银行的企业质押贷款的质物种类是较为多样化的。请调查至少五家银行的质押贷款业务中允许的质押物有哪些，并比较这些质物的价值波动情况以及价格风险情况，在实验报告中呈现调查内容和结论。

1.3.6　企业贷款展期业务实验

实验目的

（1）掌握企业贷款展期的概念以及展期的条件。

（2）熟悉银行处理企业贷款展期的流程。

实验案例

北京清畅电力技术股份有限公司从银行贷款 3 000 万元用于购买原材料，期限为 9 个月（2013 年 6 月 7 日至 2014 年 3 月 7 日），贷款利率 5.75%，还款方式为分期非等额还款。同时浙江久立特材科技股份有限公司为其提供连带责任保证担保。银行对北京清畅电力技术股份有限公司年度统一授信额度为 4 000 万元。

然而贷款之后，北京清畅电力技术股份有限公司由于资金周转困难，暂时无力偿还，2014 年 2 月 27 日清畅电力向银行申请展期至 2014 年 10 月 7 日。

该笔企业贷款展期业务现提交支行进行办理，在为其办理贷款展期业务之前，先参照章节 1.1.2 和 1.2.3 的实验内容，为该公司办理保证担保业务和年度统一授信业务。在处理企业贷款展期业务的办理流程中，银行方的审查、审批顺序为支行信贷员→支行信贷科→支行分管行长→支行行长。请按该业务操作顺序，分别扮演不同银行部门角色完成对借款人的贷款展期业务进行受理。

实验步骤

操作 1：用自己的学生账号登录信贷业务及风险管理模拟平台，选择界面左侧的 客户信息 图标，弹出客户信息窗口；在弹出窗口左侧的导航栏中选择 登记查询 → 导入客户信息 ，在客户类型下拉选项框中选择"企业客户"后点击"查询"。在窗口罗列的企业客户列表中，找到实验案例所涉及业务办理的公司，即"北京清畅电力技术股份有限公司"，选中公司后，点击窗口右上方的 导入客户信息 按钮，便可在 登记查询 中查询到该公司名单。选择后，点击右上方的 锁定 按钮，对该公司进行系统锁定。同时导入"浙江久立特材科技股份有限公司"，为北京清畅电力技术股份有限公司的连带责任保证人。

操作2：将鼠标按界面标识移动至模拟平台界面边缘，系统自动弹出 我的任务 操作任务列表，在列表中找到"企业贷款展期"业务，点击 ☆操作 → 开启任务 ，该业务在系统中便正式开启。在开始业务操作之前，可先点击"任务详情"，仔细浏览申请该业务的公司情况说明。

操作3：由于该公司由浙江久立特材科技股份有限公司为其提供连带责任保证担保，因此业务第一步是先按照保证担保业务的实验步骤，对该公司办理保证担保业务（具体步骤参照章节1.1.2的实验内容）。

操作4：按照案例说明，此次贷款的授信额度应为年度统一授信，因此在完成保证担保后，为该公司办理统一授信业务，授信额度为 4 000 万元（具体步骤参照章节1.2.3的实验内容）。

操作5：按照案例说明，为该公司办理 3 000 万元的流动资金贷款业务，并批准放款（具体步骤参照章节1.3.2的实验内容）。

操作6：完成担保、授信及放款以后，回到信贷业务窗口，角色选择"支行信贷员"，点击左侧导航栏中的 企业贷款 → 启动业务 ，在右侧列表界面选择"企业贷款展期"，系统便显示当前已贷款企业的合同号、签约金额、贷款利率以及贷款起止日期等相关数据。选择该业务，点击 启动 按钮，则将该贷款企业移入"当前信贷业务"列表中。双击该业务对象或选择后点击右上方的 受理 按钮，系统弹出"当前业务处理列表"（如图1-3-8所示），填写任务列表中"贷款展期申请"要求的内容，主要为展期申请日、展期期限、展期起始日以及展期到期日。上述任务列表填写完成后，点击窗口下方的 提交 按钮，支行信贷员的授信初审部分便告完成。

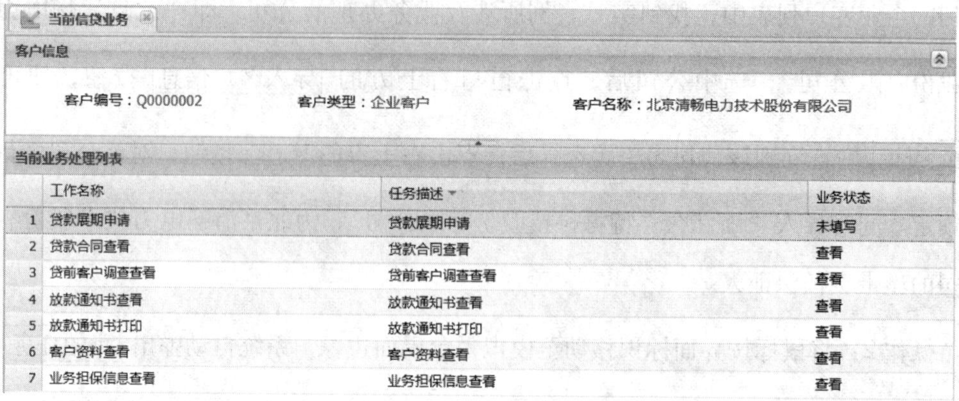

图 1-3-8　打开当前信贷业务窗口

操作 7：在界面右上方点击 角色切换 按钮，切换角色至"支行信贷科长"，点击左侧导航栏中的 当前信贷业务 按钮，可查看到该贷款业务的状态已切换至"支行信贷科审批"。选择业务对象后，点击 受理 按钮，并对之前支行信贷员填写的内容进行复查，确认没问题后，选择"同意"，并点击 提交 按钮。若存在问题，则选择"不同意"，将业务打回支行信贷员重新审查。完成后，继续切换角色至"支行分管行长"，按照商业银行由下至上的审查、审批原则，完成支行行长审批后，切换回支行信贷员角色，完成该项企业贷款展期业务的确认。

操作 8：上述任务完成后，在"我的任务"栏中，点击 ☆操作 → 提交任务 ，该项业务便在实验系统中正式提交完成。点击 ☆操作 → 任务详情 → 操作情况 ，可以查看办理该项业务的所有操作流程，可供实验报告流程写作参考。

实验报告要求

（1）在实验报告中绘制企业贷款展期业务的流程图，并标注每个业务环节所涉及的银行信贷业务人员、职位以及负责内容。

（2）在实验报告中对贷款展期的概念进行总结，并结合案例，在报告中呈现企业办理贷款展期的条件以及银行对贷款展期的时间要求的内容。

项目 1.4　企业票据业务

1.4.1　企业票据业务概述

票据业务的概念

商业银行的票据业务是指银行按照一定的方式和要求为票据的设立、转移和偿付而进行的日常营业性的业务活动，主要包括票据的承兑、贴现和票据抵押放款业务。本章节主要针对商业汇票中的银行承兑汇票贴现业务展开实验。此外，按照信贷业务核算的归属划分，票据的贴现属于表内业务，而商业汇票承兑业务属于表外业务。

票据业务是银行一项传统的资产业务。银行的票据业务是建立在商业信用基础之上的，是银行信用和商业信用的结合。开办票据业务，可以促进商业信用的票据化，加强对商业信用的管理，为促进商品生产和商品流通、搞活经济创造条件。

银行承兑汇票

（1）银行承兑汇票的定义。

银行承兑汇票是由在承兑银行开立存款账户的存款人出票，向开户银行申请并经银行审查同意承兑的，保证在指定日期无条件支付确定的金额给收款人或持票人的票据。对出票人签发的商业汇票进行承兑是银行基于对出票人资信的认可而给予的信用支持。

银行承兑汇票和商业承兑汇票均属于商业汇票，它和商业承兑汇票的区别在于，银行承兑汇票是由付款人委托银行开据的一种远期支付票据，票据到期银行具有见票即付的义务；而商业承兑汇票是由付款人开具的远期支付票据，由于没有通过银行的担保，所以信用比银行承兑汇票低。

银行承兑汇票一般情况下一式三联。第一联为卡片，由承兑银行作为底卡进行保存；第二联由收款人开户行向承兑银行收取票款时作联行往来账付出传票；第三联为存根联，由签发单位编制有关凭证。

（2）申办的基本条件。

由于银行有担保，所以银行对委托开具银行承兑汇票的单位有一定要求，一般情况下，承兑申请人为经工商行政管理部门（或主管机关）核准登记的企事业法人、其他经济组织，并在工商或相关部门办理年检手续；在银行开立结算账户；有合法商品交易背景；具有到期支付能力；具有一定比例的保证金，其余部分提供足额抵押、质押或第三人保证。

额度：原则上每张汇票金额不超过人民币 1 000 万元；

期限：根据贸易合同确定，最长不超过 6 个月；

手续费：按承兑金额的 0.5‰收取，每笔不足人民币 10 元的，按 10 元收取。不同银行可能存在不同手续费规定。

（3）业务流程。

①出票：由付款客户签发银行承兑汇票，并加盖预留银行印鉴。

②提示承兑：银行承兑汇票出票人持汇票向其开户银行申请承兑。

③领取汇票：银行经审查、审批后承兑汇票，申请客户领取已承兑的银行承兑汇票。

④汇票流通使用：承兑申请客户持银行承兑汇票与收款人办理款项结算，交付汇票给收款人，而收款人可根据交易需要，将汇票背书转让给其债权人。同时，收款人或持票人可根据需要，持汇票向银行申请质押或贴现。

⑤提示付款：在提示付款期内，收款人或持票人持汇票向开户行办理委托收款，向承兑行收取票款。若汇票到期，银行凭票无条件地从承兑申请人账户向持票人扣付票款，若申请人账面金额不足，银行将对欠款部分作逾期贷款处理。

银行承兑汇票贴现

（1）银行承兑汇票贴现的定义。

银行承兑汇票贴现是指银行承兑汇票的贴现申请人由于资金需要，将未到期的银行承兑汇票转让于银行，银行按票面金额扣除贴现利息后，将余额付给持票人的一种融资行为。

（2）申办的基本条件。

银行承兑汇票贴现申请人必须具备的条件如下：

①在银行开立存款账户的企业法人及其他组织；

②与出票人或直接前手之间具有真实的商品交易关系；

③提供与直接前手之间的商品交易合同、增值税发票和商品发运单据；

④银行承兑汇票真实合法且要素齐全，背书连续，符合《中华人民共和国票据法》《支付结算办法》等要求。

⑤贴现利率按我国央行规定的票据贴现利率政策执行；单笔最高限额 1 000 万元，期限最长不得超过半年。

（3）业务流程。

①若出票银行在企业所在地：

企业准备好汇票原件，盖好背书章，提供清晰票面复印件、银行承兑汇票贴现款收款单位名称、账户、开户银行、开户银行大额支付号；银行承兑汇票贴现银行和企业在出票银行柜台查询；银行承兑汇票贴现银行电话通知自己银行通过大额支付系统划款；企业确认银行承兑汇票贴现款到账，即交易完成。

②若出票银行不在企业所在地：

企业提供清晰票面及背书复印件、银行承兑汇票贴现款收款单位名称、账户、开户银行、开户银行大额支付号，传真给贴现业务经办机构；银行承兑汇票贴现业务经办机构发电函或通过大额支付系统向出票银行查询；企业准备好汇票原件，盖好背书章，在邻近银行打款；贴现银行验证汇票原件，电话通知自己银行通过大额支付系统划款；企业确认银行承兑汇票贴现款到账，即交易完成。

1.4.2 银行承兑汇票贴现业务实验

实验目的

（1）掌握银行承兑汇票的概念以及汇票贴现的概念。

（2）熟悉银行承兑汇票贴现的业务流程。

（3）了解银行承兑汇票的填写规则及其注意事项。

（4）区分商业汇票、商业承兑汇票与银行承兑汇票在概念和业务操作上的差异。

实验案例

2014 年年初，银行对安徽皖维高新材料股份有限公司单项授信额度为 1 500 万元，还款方式为分期等额还款。福建省青山纸业股份有限公司于 2014 年 3 月 17 日销售货物给安徽皖维高新材料股份有限公司，收到安徽皖维高新材料股份有限公司开具的银行承兑汇票一张，金额为 900 万元，开票日期为 2014 年 3 月 17 日，期限 6 个月，该票据由浙江久立特材科技股份有限公司提供担保。2014 年 4 月 5 日，福建省青山纸业股份有限公司急需一笔资金开拓市场，于是将未到期的 900 万元汇票向银行贴现，银行年贴现利率为 3.6%。

汇票信息如表 1-4-1 所示，该汇票到期日期为 2014 年 9 月 17 日。

表 1-4-1　　　　　　　　　　　　汇票信息

出票人全称： 安徽皖维高新材料股份有限公司 出票人账号：121151011040001248 开户银行：安徽省农业银行南昌支行 行号：314307077582	收款人全称： 福建省青山纸业股份有限公司 收款人账号：083612120100302038 开启银行：福建省光大银行厦门支行 行号：265874158602

该笔商业汇票贴现业务现提交支行进行办理，在为其办理贷款展期业务之前，先参照章节 1.1.2 和 1.2.2 的实验内容，为该公司办理保证担保业务和单项授信业务。在处理商业汇票贴现业务的办理流程中，银行方的审查、审批顺序为支行信贷员→支行信贷科→支行分管行长→支行行长。请按该业务操作顺序，分别扮演不同银行部门角色完成对借款人的汇票贴现业务受理。

实验步骤

操作 1：用自己的学生账号登录信贷业务及风险管理模拟平台，选择界面左侧的 客户信息 图标，弹出客户信息窗口；在弹出窗口左侧的导航栏中选择 登记查询 →

导入客户信息，在客户类型下拉选项框中选择"企业客户"后点击"查询"。在窗口罗列的企业客户列表中，找到实验案例所涉及的公司有三家，即汇票持有人"福建省青山纸业股份有限公司"、出票人"安徽皖维高新材料股份有限公司"以及汇票担保人"浙江久立特材科技股份有限公司"，依次选中三家公司后，点击窗口右上方的导入客户信息 按钮，便可在 登记查询 中查询到公司名单。

操作2：将鼠标按界面标识移动至模拟平台界面边缘，系统自动弹出 我的任务 操作任务列表，在列表中找到"商业汇票贴现"业务，点击 ☆操作 → 开启任务 ，该业务在系统中便正式开启。在开始业务操作之前，可先点击"任务详情"，仔细浏览申请该业务的公司情况说明。

操作3：由于安徽皖维高新材料股份有限公司的票据是由浙江久立特材科技股份有限公司为票据提供保证担保，因此业务首先是按照保证担保业务的实验步骤，对出票人办理保证担保（具体步骤参照章节1.1.2的实验内容）。该笔担保业务所涉及的借款人与保证人情况如下图1-4-1中的"新增-保证人清单"所示。

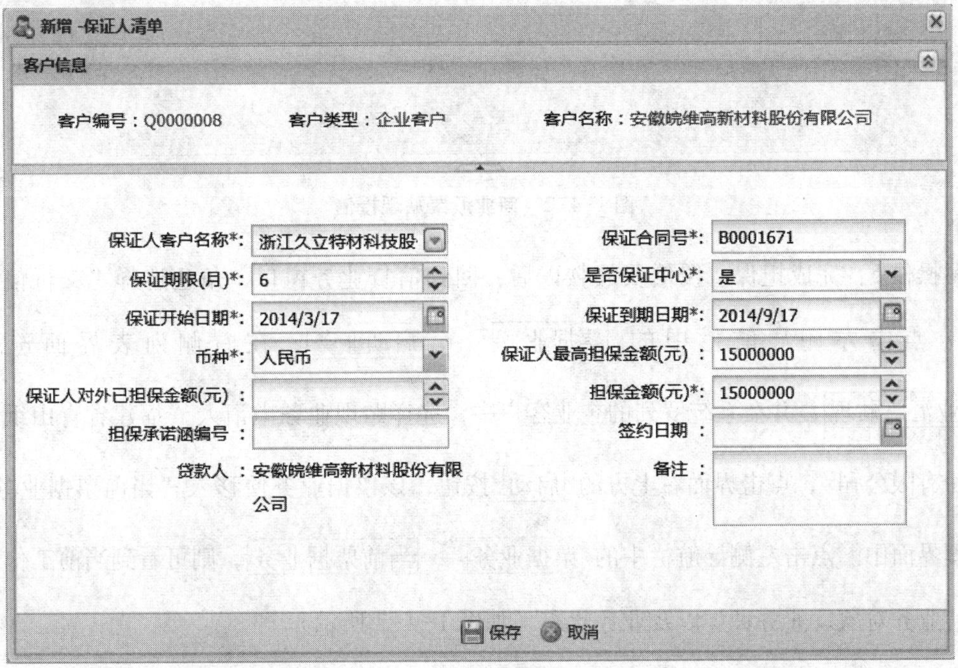

图 1-4-1　新增保证人清单

操作4：按照案例说明，此次银行对出票人安徽皖维高新材料股份有限公司的授信为单项授信，因此在完成保证担保后，为出票人进行单项授信业务，授信额度为1 500万元（具体步骤参照章节1.2.2的实验内容）。银行在2014年年初为安徽皖维进行的授信种类应为商业汇票贴现授信，具体授信信息如图1-4-2所示。

图 1-4-2　商业汇票贴现授信

操作5：完成担保、授信及放款以后，回到信贷业务窗口，角色选择"支行信贷员"，点击左侧导航栏中的 票据业务 → 启动业务，在右侧列表界面选择 商业汇票贴现，并在系统罗列的企业客户中，选择贴现业务申请人"福建省青山纸业股份有限公司"，点击界面右上方的 启动 按钮，该票据业务便移入"当前票据业务"办理界面中。点击左侧导航栏中的 票据业务 → 当前票据业务，则可看到当前工作类型、业务对象、业务种类以及业务状态（如图1-4-3所示）。

	工作类型	业务对象	业务种类	状态
1	贴现受理	福建省青山纸业股份有限公司	商业汇票贴现	业务受理

当前票据业务

图 1-4-3　启动当前票据业务

双击受理上图中的业务，系统则弹出"当前业务处理列表"（如图 1-4-4 所示），依次填写任务列表中需要填写的相关材料。

当前票据业务

客户信息

当前业务处理列表

	工作名称	任务描述	业务状态
1	贴现申请	贴现申请	未填写
2	汇票信息	汇票信息	未填写
3	贴现凭证	贴现凭证	未填写
4	贴现协议	贴现协议	未填写
5	贴现客户调查报告	贴现客户调查报告	未填写
6	客户基本信息查看	客户基本信息查看	查看
7	业务担保信息	业务担保信息	未填写
8	贴现通知书打印	贴现通知书打印	查看

图 1-4-4　当前业务处理列表

（1）贴现申请：在贴现申请信息中，需填写申请人账号、申请人开户行名称以及申请金额。其中，申请人账号与开户行应为案例中汇票收款人的账号与开户行；申请金额应为该银行承兑汇票的票面金额，即 900 万元（如图 1-4-5 所示）。

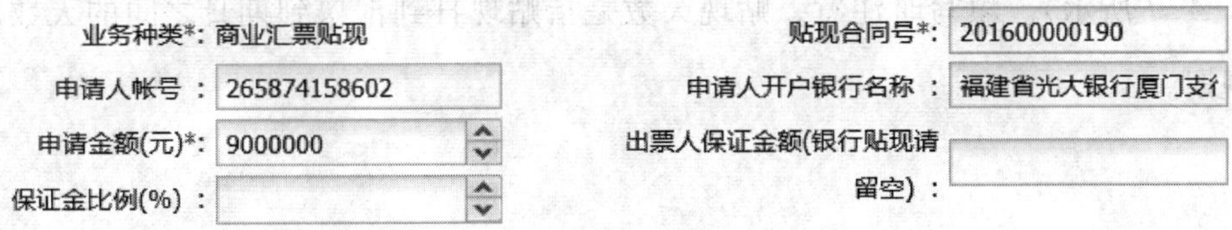

业务种类*：商业汇票贴现　　　　　贴现合同号*：201600000190

申请人帐号：265874158602　　　申请人开户银行名称：福建省光大银行厦门支

申请金额(元)*：9000000　　　出票人保证金额(银行贴现请留空)：

保证金比例(%)：

图 1-4-5　贴现申请

（2）汇票信息：点击 新增 按钮，按照案例中所提供的汇票信息填写该表格。填写时应注意，汇票号码自动生成；该汇票种类应选择"银行承兑汇票"；出票人与付款人在本案例中为同一企业，均为安徽皖维高新材料股份有限公司；从出票人的开户行名称与收款人的开户行名称可看出，该汇票不是本地汇票（具体填写如图 1-4-6 所示）。

图 1-4-6　新增汇票信息

（3）贴现凭证：点击 新增 按钮，在"新增-贴现汇票信息"窗口中录入汇票号码、起始日期、贴现到期日期，系统自动计算贴现天数；随后录入贴现利率，将案例中的百分比转换为千分比，录入后，系统自动计算出贴现利息和贴现实付金额（如图 1-4-7 所示）。填写时注意，贴现天数是指贴现日到汇票到期日之间的天数，即贴现期。

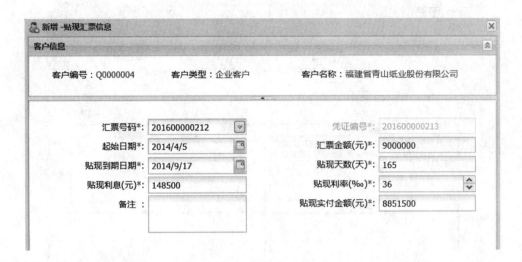

图 1-4-7 填写贴现凭证

（4）贴现协议：在贴现协议中主要填写手续费金额，可自行按照商业银行一般规定填写该金额（如图 1-4-8 所示）。

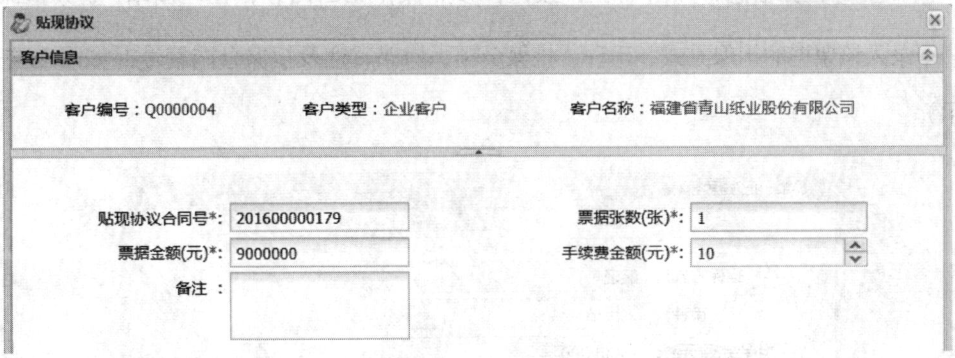

图 1-4-8 填写贴现协议

（5）贴现客户调查报告：该调查报告主要是针对办理贴现的企业"福建省青山纸业股份有限公司"撰写的信用调查报告。在客户信息中查询贴现企业的相关资料，并基于企业实际数据撰写该报告后，点击 保存 按钮。

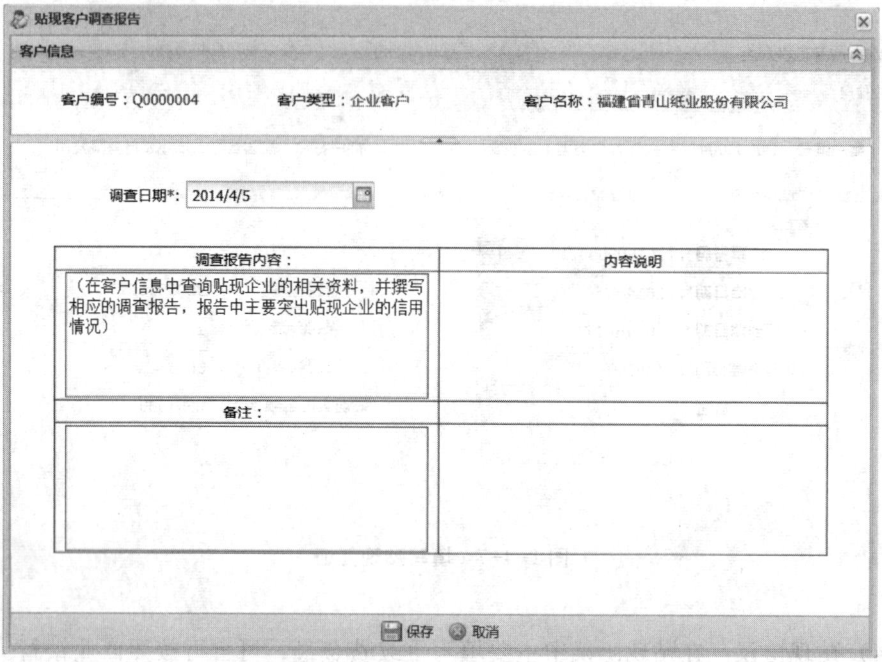

图 1-4-9　填写贴现客户调查报告

（6）业务担保信息：点击 新增 按钮，参照操作 3 的内容，在"新增-业务担保信息"中录入该票据的担保方式、币种、担保金额、担保属性及担保合同编号（如图 1-4-10 所示）。

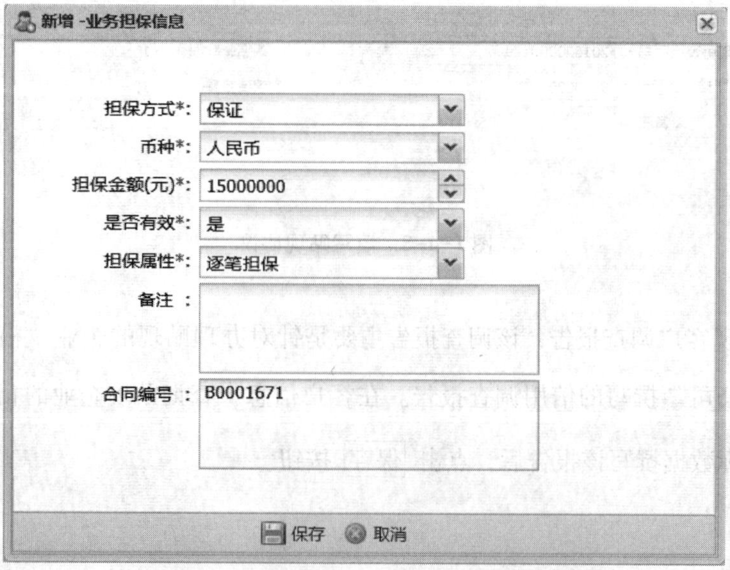

图 1-4-10　录入业务担保信息

确保上述材料填写完毕后，点击 提交 按钮，完成支行信贷员的业务操作，并将业务提交给上级处理。

操作6：在界面右上方点击 角色切换 按钮，切换角色至"支行信贷科长"，点击左侧导航栏中的 当前信贷业务 按钮，可查看到该贷款业务的状态已切换至"支行信贷科审批"。选择业务对象后，点击 受理 按钮，并对之前支行信贷员填写的内容进行复查，确认没问题后，选择"同意"，并点击 提交 按钮。若存在问题，则选择"不同意"，将业务打回支行信贷员重新审查。完成后，继续切换角色至"支行分管行长"，按照商业银行由下至上的审查、审批原则，完成支行行长审批后，切换回支行信贷员角色，完成该项汇票贴现业务的确认。

操作7：上述任务完成后，在"我的任务"栏中，点击 ☆操作 → 提交任务 ，该项业务便在实验系统中正式提交完成。点击 ☆操作 → 任务详情 → 操作情况 ，可以查看办理该项业务的所有操作流程，可供实验报告流程写作参考。

实验报告要求

（1）在实验报告中绘制银行承兑汇票贴现业务的流程图，并标注每个业务环节所涉及的银行信贷业务人员、职位以及负责内容。

（2）在操作5中，系统对贴现天数、贴现利息以及贴现实付金额进行了计算，请在实验报告中，根据案例中的数据，对系统自动计算的这上述三项进行人工计算，并在报告中写出计算过程和相关公式。

第二部分

个人信贷业务实验

　　个人信贷业务主要指银行运用从负债（存款）业务筹集的资金，将资金的使用权在一定期限内有偿让渡给个人，并在贷款到期时收回资金本息以取得收益的业务。个人信贷业务和公司信贷业务一样均为商业银行主要的收入来源，对商业银行的经营成果起着重要的作用。

　　本章节主要将个人信贷业务按贷款用途分为个人消费类贷款业务和个人经营类贷款业务两方面，对商业银行的常见个人信贷业务进行实验操作。

项目 2.1　个人消费贷款

2.1.1　个人消费贷款概述

个人消费贷款的概念

个人消费贷款是指银行向个人客户发放的有指定消费用途的人民币贷款业务，用途主要有个人住房、汽车、一般助学贷款等消费性个人贷款。一般情况下，银行提供的个人消费贷款按种类不同，期限与额度有一定的差异，一般期限最长不超过 20 至 30 年，同时需借款人提供贷款银行认可的财产抵押、质押或第三人保证方式作为贷款担保条件。

个人消费贷款的主要种类

随着我国经济社会的不断发展，人们消费需求水平的不断提高，银行个人消费贷款的种类也随之朝多品种、细分化发展。比如个人住房贷款便可分为一手个人住房贷款、二手个人住房贷款、直客式个人住房贷款、个人住房公积金贷款、个人自建住房贷款、固定利率个人住房贷款等细分业务。

然而，个人消费贷款的基础品种按贷款用途分类，是以个人住房贷款、个人房屋装修贷款、个人汽车消费贷款、个人助学贷款、个人耐用消费品贷款、个人文化消费贷款为主，具体见表 2-1-1 所示。

表 2-1-1　　　　　　　　　　个人消费贷款的基础品种

个人住房贷款	个人住房贷款是指银行向借款人发放的用于购买自用普通住房的贷款。借款人申请个人住房贷款时必须提供担保。目前我国的个人住房贷款的主要品种有个人住房按揭贷款、住房公积金贷款、二手房贷款等业务。该类贷款期限最长可达 30 年，贷款数额不高于房地产评估机构评估的购买住房的价值或实际购房费用总额的 80%。

表2-1-1(续)

个人房屋装修贷款	住房装修贷款是指以自用住房家居装修为目的,以借款人或第三人具有所有权或依法有权处分的财产、权利作为抵押物或质押物,或由第三人为贷款提供保证,并承担连带责任而发放的贷款。 该贷款为短期贷款,各大银行期限会略有不同,不过一般都不会超过五年。住房装修贷款一般以所购住房作抵押,贷款利率按照中国人民银行规定的同期同档次贷款利率执行,一般没有利率优惠。
个人汽车消费贷款	个人汽车消费贷款是指银行向借款人发放的用于购买汽车的个人贷款,只针对家庭自用,不用于经营及租赁。汽车消费贷款可以是直客式,也可以是间客式。直客式汽车消费贷款是指银行直接把购车款项贷给借款人,让其把首付款和银行贷款一次性支付给汽车经销商的贷款;而间客式汽车消费贷款是指借款人可先到银行特约汽车经销商处选购汽车,提交有关贷款申请资料,并由汽车经销商代向银行提出贷款申请。
个人助学贷款	个人助学贷款是指银行向借款人发放的用于本人或家庭成员支付特约教育单位除义务教育外所有学历入学、本科(含本科)以上非学历入学所需教育费用(学杂费和生活费)的人民币贷款。其按贷款方式可分为国家助学贷款和商业助学贷款。 国家助学贷款属于信用贷款,享受一定比例的财政贴息,但贷款个人必须符合所在学校享受国家助学贷款的条件。而商业助学贷款属于担保贷款,不享受国家财政贴息,贷款需要担保,且只能用于学生的学杂费、生活费以及其他与学习有关的费用支出。一些银行提供的个人留学贷款也属于商业助学贷款的品种。
个人耐用消费品贷款	个人耐用消费品贷款是指银行向借款人发放的用于支付其购买耐用消费品的人民币贷款,并且明确规定贷款期限、贷款额度、贷款利率、担保方式和要求。耐用消费品指单价在2 000元以上、正常使用寿命在二年以上的家庭耐用商品(住房、汽车除外)。
个人文化消费贷款	个人文化消费贷款是对银行发放的用于个人教育培训、旅游度假、婚庆、美容健身、俱乐部会员活动等文化消费用途的人民币贷款的统称。

个人消费贷款的申办流程

个人消费贷款的大致申办流程如图2-1-1所示:

图2-1-1 申办流程

（1）借款人持有效身份证件和质押、抵押、保证人担保的证明文件到贷款经办网点填写申请表。银行对借款人担保、信用等情况进行调查后，在 15 日内答复借款人。

（2）借款人的申请获得批准后，与银行签订借款合同和相应的担保合同。

（3）借款人在有效期和可用额度范围内，可以随时支用，支用时填写贷款支用单支用贷款。银行将贷款资金划转至合同约定的账户中。

（4）借款人在有效期内可循环使用贷款，其可用额度为银行的核定的额度与额度项下各笔贷款本金余额之差。借款人每次支用贷款后，可用额度相应扣减，借款人每次归还贷款本金后，可用额度相应增加。

（5）借款人在额度有效期满前，应偿清额度项下贷款全部本息，并在偿清贷款本息后 20 日内到银行办理抵押、质押注销手续，借款人与银行签订的借款合同自行终止。

2.1.2 个人住房贷款业务实验

实验目的

（1）掌握个人住房贷款业务的概念。

（2）熟悉个人住房贷款的业务审查、审批流程。

（3）熟悉个人住房贷款业务办理所需个人提交的材料。

实验案例

温思思，月家庭综合收入 2 万余元，2014 年 11 月 3 日向上海浦发银行申请 10 年期个人住房贷款 40 万元并签订借款合同，合同约定执行利率为人民银行同期同档基准利率 5.75%，还款日为每月 20 日，并以其房产（价值 60 万元）做抵押，还款方式为分期等额还款。

该笔个人住房贷款业务现提交支行进行办理，在为其办理个人住房贷款业务之前，先参照章节 1.1.3 的实验内容，为温思思提供的房产办理抵押担保。在处理个人住房贷款业务的办理流程中，银行方的审查、审批顺序为支行信贷员→支行信贷科→支行分管行长→支行行长。请按该业务操作顺序，分别扮演不同银行部门角色，完成对借款人的住房贷款业务受理。

实验步骤

操作 1：用自己的学生账号登录信贷业务及风险管理模拟平台，选择界面左侧的 客户信息 图标，弹出客户信息窗口；在弹出窗口左侧的导航栏中选择 登记查询 → 导入客户信息 ，在客户类型下拉选项框中选择个人客户后点击查询，如图 2-1-2 所示。在窗口罗列的个人客户列表中，找到实验案例所涉及个人贷款申请者温思思，选中客户名称后，点击窗口右上方的 查看客户信息 按钮，便可查询该客户的相关住房、收入、财务、保险等情况（如图 2-1-3 所示），以便撰写业务材料时作为评估参考。点击右上方的 导入客户信息 按钮，在 登记查询 中查询办理该业务的个人客户，选择客户，点击 锁定 按钮。

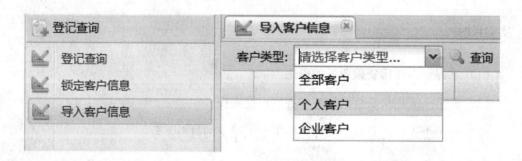

图 2-1-2 导入客户信息

操作 2：将鼠标按界面标识移动至模拟平台界面边缘，系统自动弹出 我的任务 操作任务列表，在列表中找到"个人住房贷款"业务，点击 ☆操作 → 开启任务 ，该业务在系统中便正式开启。

操作 3：业务开启后，便可以选择界面左侧的 信贷业务 图标，弹出信贷业务窗口。按照银行信贷业务的审批流程，在角色切换窗口中，先选择业务初审角色，即"支行信贷员"，点击 确认 按钮，则进入支行信贷员的业务操作窗口。

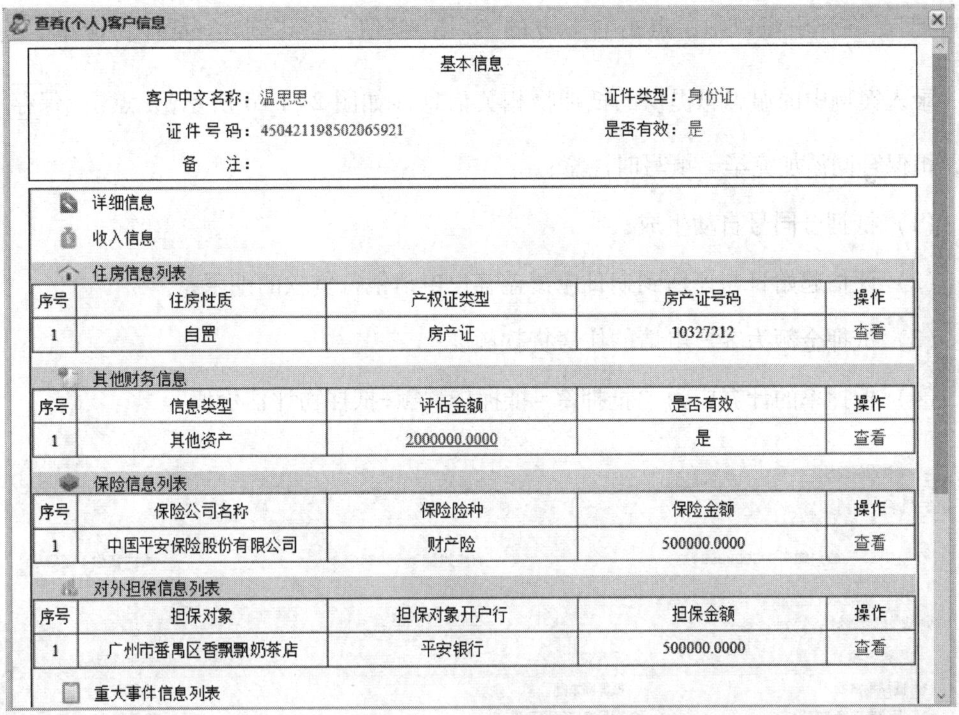

查看(个人)客户信息

基本信息

客户中文名称：温思思　　证件类型：身份证

证件号码：450421198502065921　　是否有效：是

备　注：

详细信息

收入信息

住房信息列表

序号	住房性质	产权证类型	房产证号码	操作
1	自置	房产证	10327212	查看

其他财务信息

序号	信息类型	评估金额	是否有效	操作
1	其他资产	2000000.0000	是	查看

保险信息列表

序号	保险公司名称	保险险种	保险金额	操作
1	中国平安保险股份有限公司	财产险	500000.0000	查看

对外担保信息列表

序号	担保对象	担保对象开户行	担保金额	操作
1	广州市番禺区香飘飘奶茶店	平安银行	500000.0000	查看

重大事件信息列表

图 2-1-3　**查看客户信息**

操作 4：点击左侧导航栏中的 担保业务 → 启动业务，在右侧列表界面选择“抵押物担保审批”，并在系统罗列的备选客户列表中选择贷款申请人温思思，点击 启动 按钮，该客户便被列入“当前担保业务”中。点击左侧导航栏中的 担保业务 → 当前担保业务，则可查看到当前处理的业务对象、工作类型、业务种类以及业务状态，如图 2-1-4 所示。

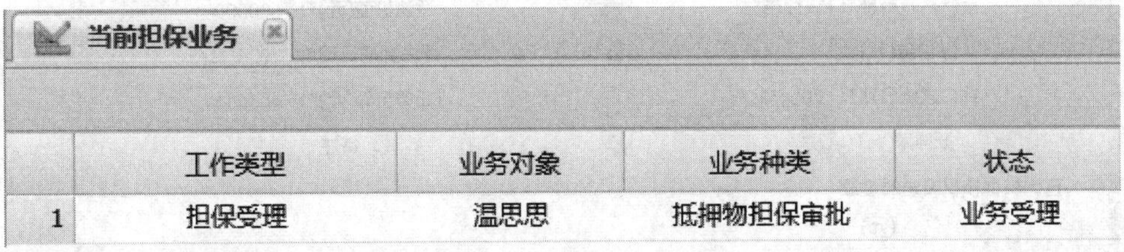

当前担保业务

	工作类型	业务对象	业务种类	状态
1	担保受理	温思思	抵押物担保审批	业务受理

图 2-1-4　**启动担保业务**

双击该列担保业务，或者单击业务后，点击右上方的 受理 按钮，则出现“当前业务处理列表”（如图 2-1-5 所示）。按列表的顺序进行业务录入，先双击选择“抵押物审批"，在弹出窗口中，点击右上方的 新增 按钮，在"新增-抵押物清单"窗口中，录入案例中的温思思提供的抵押物相关信息（如图2-1-6所示），点击 保存 按钮，担保合同添加完毕。填写时注意：

（1）抵押合同号自动生成；

（2）评估起始日与评估到期日应覆盖客户申请银行贷款的期限；

（3）抵押金额为客户申请的住房贷款额度；

（4）抵押率的计算应为"抵押率＝抵押贷款额÷抵押物评估价值"。

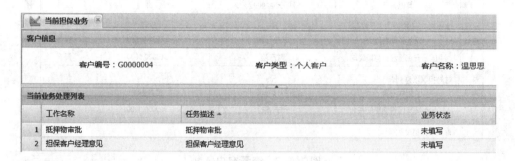

图 2-1-5　受理当前担保业务

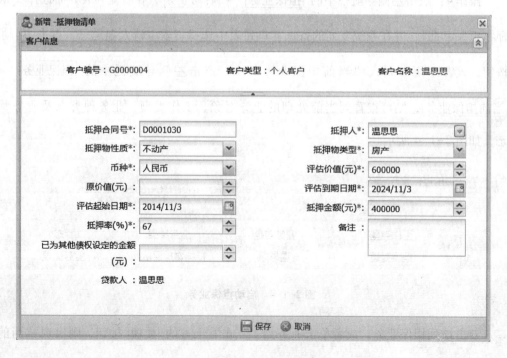

图 2-1-6　录入抵押物相关信息

关闭窗口后，继续填写"担保客户经理意见"。填写时注意，"调查日期"要与案例中的业务申办日期前后一致，不要随便填写日期，以保持业务操作的严谨性；"调查报告内容"按照案例中借款人和抵押物的实际信息，结合相关专业知识撰写。

确保"保证人审批"和"担保客户经理意见"两项的业务状态均为"已填写"后，可在界面下方选择"同意"并点击 提交 按钮。至此，支行信贷员的审查、审批任务操作完毕。

接下来切换业务角色依次审核、审批支行信贷员提交的个人住房贷款抵押担保业务（参照章节 1.1.3 的实验步骤），直至完成抵押担保的批准。

操作 5：担保业务完成后，即可进入个人住房贷款业务办理流程。在支行信贷员角色界面中，点击左侧导航栏中的 个人贷款 → 启动业务 ，在列表中选择"个人住房贷款"，并选择申请客户"温思思"，点击右上方的 启动 按钮，便可在当前个人业务 中查看到业务状态（如图 2-1-7 所示）。

	工作类型	业务对象	业务种类	状态
1	贷款受理	温思思	个人住房贷款	业务受理

图 2-1-7 启动当前个人业务

双击该业务，出现"当前业务处理列表"（如图 2-1-7 所示），按列表中的内容依次完善业务办理材料。

客户信息

客户编号：G0000004　　　　　　客户类型：个人客户　　　　　　客户名称：温思思

当前业务处理列表

	工作名称	任务描述	业务状态
1	个人贷款申请	个人贷款申请	未填写
2	业务担保信息	业务担保信息	未填写
3	个人贷款合同	个人贷款合同	未填写
4	放款通知书	放款通知书	未填写
5	贷前客户调查	贷前客户调查	未填写
6	客户资料查看	客户资料查看	查看
7	放款通知书打印	放款通知书打印	查看

图 2-1-8 完善业务办理材料

（1）个人贷款申请：根据案例内容和客户信息中温思思的个人信息，录入贷款性质、申请日期、申请金额、贷款期限转换成月、贷款利率转换为月利率‰，同时录入还款方式、申请贷款用途以及还款资金来源等（如图 2-1-9 所示）。

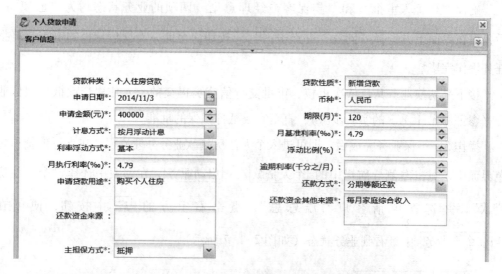

图 2-1-9　录入个人贷款相关信息

（2）业务担保信息：在该窗口点击 新增 按钮，录入之前办理的合同编号为 D0001030 的抵押担保信息（如图 2-1-10 所示）。

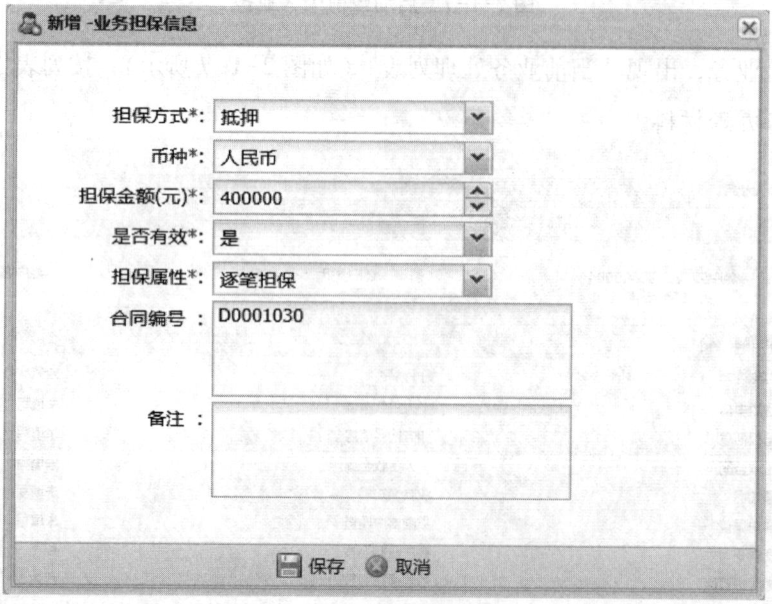

图 2-1-10　填写担保信息

（3）继续按系统要求录入个人贷款合同、放款通知书以及撰写贷前客户调查，注意录入时审核信息的完整性、准确性（如图 2-1-11 所示）。

图 2-1-11　填写贷款合同

确保图 2-1-8 列表中的项目均为"已填写"后，可在界面下方选择"同意"并点击 提交 按钮。至此，支行信贷员的审查、审批任务操作完成。

操作 6：在界面右上方点击 角色切换 按钮，切换角色至"支行信贷科长"，点击左侧导航栏中的 当前个人业务 按钮，可查看到该贷款业务的状态已切换至"支行信贷科审批"。选择业务对象后，点击 受理 按钮，并对之前支行信贷员填写的内容进行复查，确认没问题后，选择"同意"，并点击 提交 按钮。若存在问题，则选择"不同意"，将业务打回支行信贷员重新审查。完成后，继续切换角色至"支行分管行长"，按照商业银行由下至上的审查、审批原则，完成"支行行长"审批后，切换回支行信贷员角色，完成该项个人住房贷款业务的确认。

操作 7：上述任务完成后，在"我的任务"栏中，点击 ☆操作 → 提交任务 ，该

项业务便在实验系统中正式提交完成。并且点击 ☆操作 → 任务详情 → 操作情况 ，

可以查看办理该项业务的所有操作流程，可供实验报告流程写作参考。

实验报告要求

（1）在实验报告中绘制个人住房贷款业务的流程图，并标注每个业务环节所涉及的银行信贷业务人员、职位以及负责内容。

（2）请参照客户温思思的相关信息，结合信用调查报告相关知识，在实验报告中撰写一份详细的个人客户贷前调查报告，在报告中分析借款人温思思的信用情况以及还款能力，并形成结论及贷款建议。

2.1.3　个人房屋装修贷款业务实验

实验目的

（1）掌握个人房屋装修贷款业务的概念。

（2）了解我国不同商业银行个人房屋装修贷款业务的最高额度情况。

（3）熟悉个人房屋装修贷款办理所需个人提交的材料。

实验案例

个人房屋装修贷款借款人信息如表 2-1-2 所示：

表 2-1-2　　　　　　　　　借款人信息

姓名	李冰	性别	女
民族	汉	籍贯	湖南省长沙市
身份证号码	462011198005052634	联系电话	13658796691
住址	湖南省长沙市长沙县潇湘南大道 209 号		
月收入	1 万元	年收入	13 万元

　　李冰于 2014 年 2 月 19 日与湖南省格杨装饰有限公司签订房屋装修合同一份，工程地址为湖南省长沙市雨花区水木兰庭 17 栋 601 室，装修面积 130 平方米，装修总价款 60 万元，自筹 30 万元，尚差装修资金 30 万元。为此李冰向中国工商银行长沙分行申请个人装修贷款 30 万元。借款期限为 3 年；贷款利率为 5.75%；还款方式为分期非等额还款；同时以其房屋（价值 46 万元）作为抵押。

　　该笔个人房屋装修贷款业务现提交支行进行办理，在为其办理住房装修贷款业务之前，先参照章节 1.1.3 的实验内容，为李冰提供的房产办理抵押担保。在处理住房装修贷款业务的办理流程中，银行方的审查、审批顺序为支行信贷员→支行信贷科→支行分管行长→支行行长。请按该业务操作顺序，分别扮演不同银行部门角色完成对借款人的住房贷款业务受理。

实验步骤

　　操作 1：用自己的学生账号登录信贷业务及风险管理模拟平台，选择界面左侧的 客户信息 图标，弹出客户信息窗口；在弹出窗口左侧的导航栏中选择 登记查询 → 导入客户信息 ，在客户类型下拉选项框中选择个人客户后点击查询。在窗口罗列的个人客户列表中，找到实验案例所涉及个人贷款申请者李冰，选中客户名称后，点击窗口右上方的 查看客户信息 按钮，查询该客户的相关住房、收入、财务、保险等情况，以便撰写业务材料时作为评估参考。点击右上方的 导入客户信息 按钮，在 登记查询 中查询到办理该业务的个人客户，选择客户，点击 锁定 按钮。

　　操作 2：将鼠标按界面标识移动至模拟平台界面边缘，系统自动弹出 我的任务 操作任务列表，在列表中找到"个人房屋装修贷款"业务，点击 ☆操作 → 开启任务 ，该业务在系统中便正式开启。

　　操作 3：业务开启后，便可以选择界面左侧的 信贷业务 图标，弹出信贷业务窗口。按照银行信贷业务的审批流程，在角色切换窗口中，先选择业务初审角色，即"支行信贷员"，点击确认，则进入支行信贷员的业务操作窗口，参照章节 1.1.3 完成李冰的房产抵押担保手续。

操作 4：担保业务完成后，即可进入个人房屋装修贷款业务办理流程。在支行信贷员角色界面中，点击左侧导航栏中的 个人贷款 → 启动业务 ，在列表中选择"个人房屋装修贷款"，并选择申请客户"李冰"，点击右上方的 启动 按钮，便可在 当前个人业务 中查看到业务状态。双击该业务，出现"当前业务处理列表"，按列表中的内容依次完善业务办理材料。确保列表中的项目均为"已填写"后，可在界面下方选择"同意"并点击 提交 按钮。至此，支行信贷员的审查、审批任务操作完成。

操作 6：在界面右上方点击 角色切换 按钮，切换角色至"支行信贷科长"，点击左侧导航栏中的 当前个人业务 按钮，可查看到该贷款业务的状态已切换至"支行信贷科审批"。选择业务对象后，点击 受理 按钮，并对之前支行信贷员填写的内容进行复查，确认没问题后，选择"同意"，并点击 提交 按钮。若存在问题，则选择"不同意"，将业务打回支行信贷员重新审查。完成后，继续切换角色至"支行分管行长"，按照商业银行由下至上的审查、审批原则，完成支行行长审批后，切换回支行信贷员角色，完成该项个人房屋装修贷款业务的确认。

操作 7：上述任务完成后，在"我的任务"栏中，点击 ☆操作 → 提交任务 ，该项业务便在实验系统中正式提交完成。点击 ☆操作 → 任务详情 → 操作情况 ，可以查看办理该项业务的所有操作流程，可供实验报告流程写作参考。

实验报告要求

（1）在实验报告中绘制个人房屋装修贷款业务的流程图，并标注每个业务环节所涉及的银行信贷业务人员、职位以及负责内容。

（2）请查询五家以上我国银行关于个人住房装修贷款的业务信息，并对其贷款要求进行对比，在报告中呈现各银行个人住房装修贷款的业务差异。

2.1.4　个人汽车消费贷款业务实验

实验目的

（1）掌握个人汽车消费贷款业务的概念。

（2）区别直客式汽车贷款与间客式汽车贷款的概念。

（3）熟悉个人汽车消费贷款的业务操作流程。

（4）了解我国部分汽车经销商推出的免息贷款业务的性质和办理流程。

（5）以个人汽车消费贷款为例，熟悉个人消费贷款借款合同的要素。

（6）熟悉个人消费贷款借款合同中，违约责任的具体条款约定。

实验案例

下面是一份个人汽车贷款借款合同的内容，根据表 2-1-3 所示内容，在系统中完成这笔个人汽车贷款业务。

表 2-1-3　　　　　　　　　　借款合同

个人汽车消费贷款 借款合同	
贷款方：上海浦东发展银行股份有限公司 地址：上海长宁区长宁路 855 号亨通国际大厦 1 层 邮编：200000 电话：021-63611226 法定代表人：吉晓辉	借款方：张斯奇 银行账号：9864487216974580 地址：上海市浦东新区银城中路 8 号中融碧玉蓝天大厦 14 楼 邮编：200000 电话：15893167998

根据《中华人民共和国合同法》的规定，经贷款方、借款方、担保方协商一致，签订本合同，共同信守。

第一条　贷款种类：个人汽车消费贷款

第二条　借款金额（大写）：拾伍万元整

第三条　借款用途：家用轿车

第四条　借款利率：借款利率月息 6.15%

第五条　借款期限：

借款期限自 2015 年 3 月 25 日起，至 2017 年 3 月 25 日止。借款实际发放和期限以借据分 1 次发放和收回。借据应作为合同附件，同本合同具有同等法律效力。

表2-1-3(续)

第六条 还款资金来源及还款方式：

1. 还款资金来源：酒店收入。

2. 还款方式：等额本息还款。

第七条 借款抵押担保：

1. 借款方申请本合同项下的借款，自愿以粤 BH5831 车辆（价值 25 万元）作抵押并办理好抵押登记。

2. 借款方必须在贷款方指定的保险公司办理全保（含盗抢）并明确第一受益人为贷款方。

3. 借款方在办理本借款前应按贷款方要求安装 GPS 全球卫星定位系统，在本借款未还清以前控制权归贷款方所有。

第八条 违约责任：

1. 签订本合同后，贷款方应在借款方提供合法有效的借款手续后 10 个工作日内（假日顺延）将贷款放出，转入借款方账户或借款方指定经销商账户支付购车款。如贷款方未按期发放贷款，应按违约数额和延期天数的贷款利息的 20%向借款方偿付违约金。

2. 借款方如不按合同规定的用途使用借款，贷款方有权收回部分或全部贷款，对违约使用部分，按银行规定加收罚息或从借款方夫妻在本联社开立的任一账户中扣收贷款本息。如借款方有意转移并违约使用资金，贷款方有权商请其他开户行代为扣款清偿或依法向人民法院提取诉讼提前收回贷款本息。

3. 借款方应按合同规定的时间还款。如借款方需要将借款展延，应在借款到期前 5 日向贷款方提出申请，有保证方的，还应由保证方签署同意延长担保期限，经贷款方审查同意后办理延期手续。如借款方不按期偿还借款，贷款方有权限期追回贷款，并按银行规定收逾期利息和罚息。如借款方经营不善发生亏损或虚盈实亏，危及贷款安全时，贷款方有权提前收回贷款。

第九条 合同变更或解除：除《中华人民共和国合同法》规定允许变更或解除合同的情况外，任何一方当事人不得擅自变更或解除合同。当事人一方依据《中华人民共和国合同法》要求变更或解除合同时，应及时采用书面形式通知其他当事人，并达成书面协议，本合同变更或解除后，借款方占用的借款和应付的利息，仍应按本合同的规定偿付。

第十条 解决合同纠纷的方式：执行本合同发生争议，由当事人双方协商解决。协商不成，双方同意按（1）项处理。

（1）由仲裁委员会仲裁。

（2）向人民法院起诉。

贷款方：上海浦东发展银行股份有限公司　　　　借款方：张斯奇

代表人签字：吉晓辉　　　　　　　　　　　　　代表人签字：张斯奇

签约日期：2015 年 3 月 25 日

该笔个人汽车消费贷款业务现提交支行进行办理，在为其办理汽车消费贷款业务之前，应先参照章节 1.1.3 的实验内容，为客户张斯奇购买的汽车办理抵押担保。在处理汽车消费贷款业务的办理流程中，银行方的审查、审批顺序为支行信贷员→支行信贷科→支行分管行长→支行行长。请按该业务操作顺序，分别扮演不同银行部门角色完成对借款人的住房贷款业务受理。

实验步骤

操作1：用自己的学生账号登录信贷业务及风险管理模拟平台，选择界面左侧的 客户信息 图标，弹出客户信息窗口；在弹出窗口左侧的导航栏中选择 登记查询 → 导入客户信息 按钮，在客户类型下拉选项框中选择个人客户后点击查询。在窗口罗列的个人客户列表中，找到实验案例所涉及个人贷款申请者张斯奇，选中客户名称后，点击窗口右上方的 查看客户信息 按钮，查询该客户的相关住房、收入、财务、保险等情况，以便撰写业务材料时作为评估参考。点击右上方的 导入客户信息 ，在 登记查询 中查询到办理该业务的个人客户，选择客户，点击 锁定 按钮。

操作2：将鼠标按界面标识移动至模拟平台界面边缘，系统自动弹出 我的任务 操作任务列表，在列表中找到"个人汽车消费贷款"业务，点击 ☆操作 → 开启任务 ，该业务在系统中便正式开启。

操作3：业务开启后，便可以选择界面左侧的 信贷业务 图标，弹出信贷业务窗口。按照银行信贷业务的审批流程，在角色切换窗口中，先选择业务初审角色，即"支行信贷员"，点击 确认 按钮，进入支行信贷员的业务操作窗口，参照章节1.1.3完成张斯奇的汽车抵押担保手续（如图2-1-12所示）。

操作4：担保业务完成后，即可进入个人房屋装修贷款业务办理流程。在支行信贷员角色界面中，点击左侧导航栏中的 个人贷款 → 启动业务 ，在列表中选择"个人汽车消费贷款"，并选择申请客户张斯奇，点击右上方的 启动 按钮，便可在 当前个人业务 中查看到业务状态（如图2-1-13所示）。

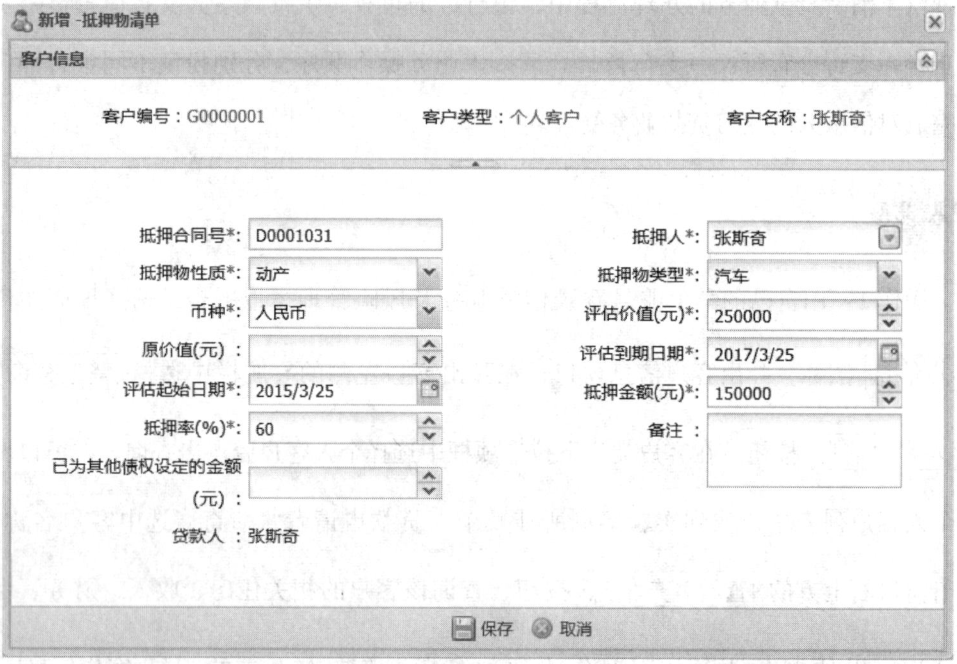

图 2-1-12　完成抵押担保手续

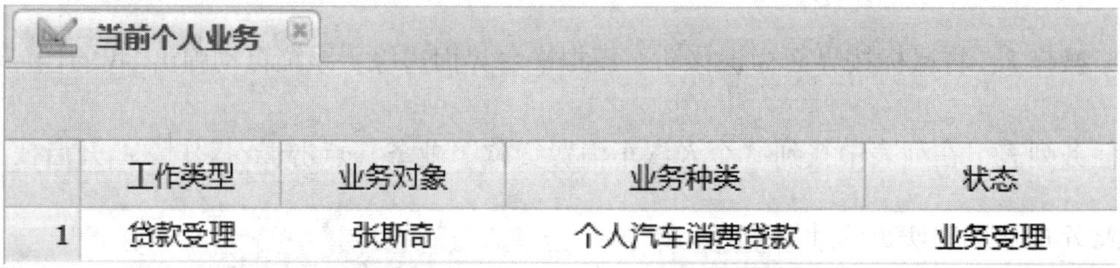

图 2-1-13　启动当前个人业务

　　双击该业务，出现"当前业务处理列表"，按列表中的内容依次完善业务办理材料。确保列表中的项目均为"已填写"后，可在界面下方选择"同意"并点击 提交 按钮。至此，支行信贷员的审查、审批任务操作便已完成。

　　操作6：在界面右上方点击 角色切换 按钮，切换角色至"支行信贷科长"，点击左侧导航栏中的 当前个人业务 按钮，可查看到该贷款业务的状态已切换至"支行信贷科审批"。选择业务对象后，点击 受理 按钮，并对之前支行信贷员填写的内容进行复查，确认没问题后，选择"同意"，并点击 提交 按钮。若存在问题，则选择"不同意",将业务打回支行信贷员重新审查。完成后,继续切换角色至"支行分管行长",按照商业银行由下至上的审查、审批原则,完成支行行长审批后,切换回支行信贷员角色,完成该项个人汽车消费贷款业务的确认。

操作 7:上述任务完成后,在"我的任务"栏中,点击 ☆操作 → 提交任务 ,该项业务便在实验系统中正式提交完成。点击 ☆操作 → 任务详情 → 操作情况 ,可以查看办理该项业务的所有操作流程,可供实验报告流程写作参考。

实验报告要求

(1)在实验报告中绘制个人汽车消费贷款业务的流程图,并标注每个业务环节所涉及的银行信贷业务人员、职位以及负责内容。

(2)请参照按案例中的汽车消费贷款合同条款,为章节 2.1.2 中的个人住房贷款案例拟订一份个人住房贷款合同,附于章节 2.1.2 的实验报告之后。

2.1.5 个人助学贷款业务实验

实验目的

(1)掌握个人助学贷款业务的概念。

(2)熟悉个人助学贷款业务的操作流程。

(3)了解商业性个人助学贷款、国家助学贷款以及个人留学贷款之间的区别,了解我国各大银行对上述三类教育贷款的相关业务要求。

(4)了解国家助学贷款中,国家财政贴息的含义以及一般贴息比例。

实验案例

杜苑同学于长沙市第一中学毕业,并顺利接到了武汉大学的录取通知书,学制四年,学费 5 000 元/年。由于家庭经济困难,他向中国工商银行长沙分行申请个人助学贷款并签订借款合同,合同约定借款期限为 4 年,即自 2011 年 9 月 1 日至 2015 年 9 月

1 日止，在校期间免收利息，毕业后基准利率为 5.35%，不上浮，还款方式为一次性还款。李冰向银行承诺为杜苑提供担保。

　　该笔个人助学贷款业务现提交支行进行办理，在为其办理个人助学贷款业务之前，应先参照章节 1.1.2 的实验内容，为杜苑办理保证担保，保证人为李冰。在处理个人助学贷款业务的办理流程中，银行方的审查、审批顺序为支行信贷员→支行信贷科→支行分管行长→支行行长。请按该业务操作顺序，分别扮演不同银行部门角色，完成对借款人的住房贷款业务受理。

实验步骤

　　操作 1：用自己的学生账号登录信贷业务及风险管理模拟平台，选择界面左侧的 客户信息 图标，弹出客户信息窗口；在弹出窗口左侧的导航栏中选择 登记查询 → 导入客户信息，在客户类型下拉选项框中选择个人客户后点击查询。在窗口罗列的个人客户列表中，找到实验案例所涉及个人贷款申请者杜苑及其保证人李冰，选中客户名称后，点击窗口右上方的 查看客户信息 按钮，查询该客户的相关住房、收入、财务、保险等情况，以便撰写业务材料时作为评估参考。点击右上方的 导入客户信息 按钮，在 登记查询 中查询办理该业务的个人客户，选择客户"杜苑"，点击 锁定 按钮。

　　操作 2：将鼠标按界面标识移动至模拟平台界面有边缘，系统自动弹出 我的任务 操作任务列表，在列表中找到"个人助学贷款"业务，点击 ☆操作 → 开启任务，该业务在系统中便正式开启。

　　操作 3：业务开启后，便可以选择界面左侧的 信贷业务 图标，弹出信贷业务窗口。按照银行信贷业务的审批流程，在角色切换窗口中，先选择业务初审角色，即"支行信贷员"，点击 确认 按钮，进入支行信贷员的业务操作窗口，参照章节 1.1.2 完成杜苑的保证担保手续。在填写"新增-保证人清单"时，注意该个人助学贷款的总贷款额应该是大学四年的学费总额，即 4×5 000＝20 000 元，所以李冰为其担保时，担保贷款额应为 20 000 元（如图 2-1-14 所示）。

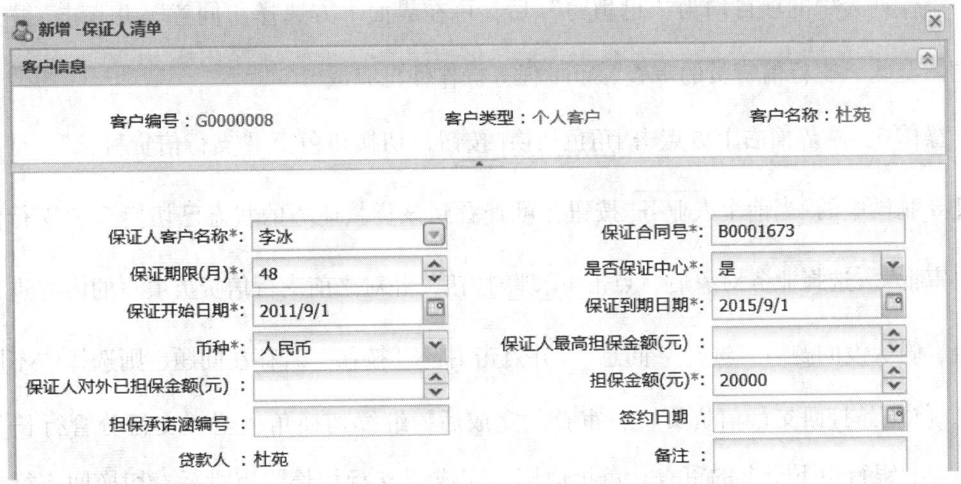

图 2-1-14 填写保证人清单

操作 4：担保业务完成后，即可进入个人助学贷款业务办理流程。在支行信贷员角色界面中，点击左侧导航栏中的 个人贷款 → 启动业务 ，在列表中选择"个人助学贷款"，并选择申请客户杜苑，点击右上方的 启动 按钮，便可在 当前个人业务 中查看到业务状态。双击该业务，出现"当前业务处理列表"，按列表中的内容依次完善业务办理材料。在填写"个人贷款申请"时，要注意该笔助学贷款因在校期间不产生利息，毕业后开始计息，因此，计息方式应选"分段计息"（如图 2-1-15 所示）。

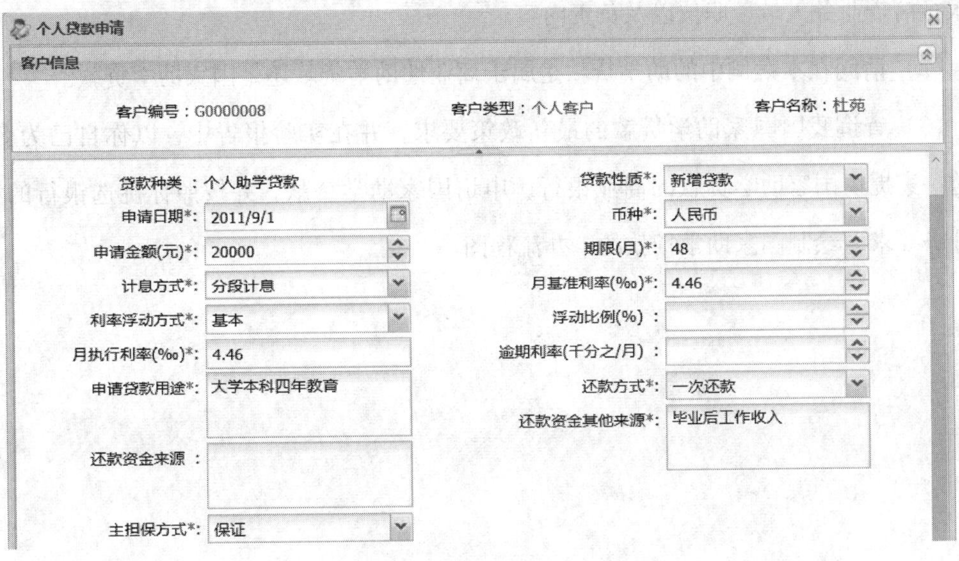

图 2-1-15 填写贷款人信息

确保列表中的项目均为"已填写"后，可在界面下方选择"同意"并点击 提交 按钮。至此，支行信贷员的审查、审批任务操作便已完成。

操作 6：在界面右上方点击 角色切换 按钮，切换角色至"支行信贷科长"，点击左侧导航栏中的 当前个人业务 按钮，可查看到该贷款业务的状态已切换至"支行信贷科审批"。选择业务对象后，点击 受理 按钮，并对之前支行信贷员填写的内容进行复查，确认没问题后，选择"同意"，并点击 提交 按钮。若存在问题，则选择"不同意"，将业务打回支行信贷员重新审查。完成后，继续切换角色至"支行分管行长"，按照商业银行由下至上的审查、审批原则，完成"支行行长"审批后，切换回支行信贷员角色完成该项个人助学贷款业务的确认。

操作 7：上述任务完成后，在"我的任务"栏中，点击 ☆操作 → 提交任务 ，该项业务便在实验系统中正式提交完成。点击 ☆操作 → 任务详情 → 操作情况 ，查看办理该项业务的所有操作流程，可供实验报告流程写作参考。

实验报告要求

（1）在实验报告中绘制个人助学贷款业务的流程图，并标注每个业务环节所涉及的银行信贷业务人员、职位以及负责内容。

（2）请问在本案例中的助学贷款是属于商业性助学贷款还是国家助学贷款？

（3）查询我国国家助学贷款的最新政策要求，并在实验报告中，以你自己为名，挑选一家提供国家助学贷款的商业银行，申请国家助学贷款，并按照你挑选银行的相关业务要求，绘制国家助学贷款的申办流程图。

项目 2.2　个人经营性贷款

2.2.1　个人经营性贷款概述

个人经营性贷款的概念

个人经营性贷款是指银行向借款人发放的用于借款人流动资金周转、购置或更新经营设备、支付租赁经营场所租金、商业用房装修等合法生产经营活动的贷款。此类贷款在一定程度上类似于中小企业贷款，其业务经营管理的复杂程度更高。因此，各银行一般只在经济环境好、市场潜力大、管理水平高、资产质量好且个人贷款不良率较低的分支机构中挑选办理个人经营类贷款的经营机构。

目前国内银行的个人经营性贷款的特点有：第一，贷款额度高，如招商银行的个人经营性贷款的贷款金额最高可达 3 000 万元，中国工商银行为 1 000 万元；第二，贷款期限长，一般授信最长可达 10 年，单笔贷款最长可达 5 年；第三，担保方式多，采用质押、抵押、自然人保证、专业担保公司保证、市场管理方保证、联保、互保、组合担保等灵活多样的担保方式；第四，具备循环贷款功能，此类贷款一次申请，循环使用，随借随还，方便快捷。

按照本章节的实验内容，下面对个人生产经营贷款、个人商业用房贷款和农户贷款三类较为常见的个人经营性贷款的定义和业务规则进行概述。

个人经营性贷款的常见种类

个人经营性贷款的对象可以是个体工商户，也可以是农户，因此大部分商业银行对个人经营性贷款的分类有针对个体工商户的个人生产经营贷款、个人商业用房贷款以及各类农户贷款（如表 2-2-1 所示）。

表 2-2-1 个人经营性贷款的常见种类

个人生产经营贷款	个人生产经营贷款是指对从事合法生产经营的个体工商户、个人独资企业的投资人以及合伙企业的合伙人、承包大户、个人租赁经营者发放的，用以生产经营流动资金需求及租赁商铺、购置机械设备和其他合理资金需求为用途的贷款业务。
个人商业用房贷款	个人商业用房贷款是指银行向借款人发放的购置新建自营性商业用房和自用办公用房的贷款。
农户贷款	农户贷款是指银行（一般是农村商业银行）向服务辖区内符合贷款条件的农户发放的用于生产经营、消费等各类人民币贷款。 农户贷款种类主要包括农户种植业贷款、农户养殖业贷款和农户其他行业贷款。贷款的对象是一般承包户和专业户。银行对农户贷款的管理，应当适应其家庭经济分散经营的特点，在贷款用途、数量、期限、条件等方面，都要因地制宜、灵活掌握，尽量满足其从事个体农业经营的流动资金需要。

个人经营性贷款的申请条件

与个人消费贷款不同，个人经营性贷款因为涉及生产经营，其贷款对象一般为符合银行个人经营贷款政策的、具有完全民事行为能力的中国公民（不含港澳台居民），包括个体工商经营者、独资企业、合伙企业、有限责任公司的主要合伙人或主要自然人股东等。其申请应具备以下条件：

（1）年龄在 18 周岁（含）以上、60 周岁（含）以下，在分行管辖地域范围内有固定住所，具有常住户口或有效居住证明；

（2）借款人及其经营实体信用良好，经营稳定；

（3）相关银行规定的其他条件。

个人经营性贷款的申请资料

（1）借款人及其配偶有效身份证件、户籍证明、婚姻状况证明原件及复印件；

（2）经年检的个体工商户营业执照、合伙企业营业执照或企业法人营业执照原件及复印件；

（3）个人收入证明，如个人纳税证明、工资薪金证明、个人在经营实体的分红证明、租金收入、在银行近 6 个月内的存款、国债、基金等平均金融资产证明等；

（4）能反映借款人或其经营实体近期经营状况的银行结算账户明细或完税凭证等证明资料；

（5）抵押房产权属证明原件及复印件。有权处分人（包括房产共有人）同意抵押的证明文件。

（6）贷款采用保证方式的，须提供保证人相关资料；

（7）银行要求提供的其他资料。

2.2.2　个人大额经营性贷款业务实验

实验目的

（1）掌握个人大额经营性贷款业务的概念。

（2）熟悉个人大额经营性贷款业务的操作流程。

（3）了解我国不同商业银行对个人经营性贷款的界定及其批准条件。

实验案例

做外贸的王先生（王宏）接了一个需要一个月交货的订单，但急需 50 万元的周转资金。假若丢掉这笔订单，打拼了十年的国外市场就会彻底丢掉，企业也将面临破产，于是 2015 年 1 月 20 日王先生向银行申请了个人大额经营性贷款 50 万元，同时以房产（价值 80 万元）做抵押。双方签订借款合同，合同约定借款期限为 5 年，贷款利率 5.75%，还款方式为分期等额还款。

该笔个人大额经营性贷款业务现提交支行进行办理，在为其办理贷款业务之前，应先参照章节 1.1.3 的实验内容，为王先生提供的房产办理抵押担保。然后，在处理个人大额经营性贷款业务的办理流程中，银行方的审查、审批顺序为支行信贷员→支行信贷科→支行分管行长→支行行长。请按该业务操作顺序，分别扮演不同银行部门角色，完成对借款人的大额经营性贷款业务受理。

实验步骤

操作 1：用自己的学生账号登录信贷业务及风险管理模拟平台，选择界面左侧的

客户信息 图标，弹出客户信息窗口；在弹出窗口左侧的导航栏中选择 登记查询 →

导入客户信息 ，在客户类型下拉选项框中选择个人客户后点击查询。在窗口罗列的个人客户列表中，找到实验案例所涉及个人贷款申请者王宏，选中客户名称后，点击窗口右上方的 查看客户信息 按钮，查询该客户的相关住房、收入、财务、保险等情况，以便撰写业务材料时作为评估参考。点击右上方的 导入客户信息 按钮，在 登记查询 中可查询到办理该业务的个人客户，选择客户，点击 锁定 按钮。

操作2：将鼠标按界面标识移动至模拟平台界面边缘，系统自动弹出 我的任务 操作任务列表，在列表中找到"个人大额经营性贷款"业务，点击 ☆操作 →

开启任务 ，该业务在系统中便正式开启。

操作3：业务开启后，便可以选择界面左侧的 信贷业务 图标，弹出"信贷业务"窗口。按照银行信贷业务的审批流程，在角色切换窗口中，先选择业务初审角色，即"支行信贷员"，点击 确认 按钮，则进入支行信贷员的业务操作窗口，参照章节1.1.3完成王先生的房产抵押担保手续。

操作4：担保业务完成后，即可进入个人大额经营性贷款业务办理流程。在支行信贷员角色界面中，点击左侧导航栏中的 个人贷款 → 启动业务 ，在列表中选择"个人大额经营性贷款"，并选择申请客户"王宏"，点击右上方的 启动 按钮，便可在

当前个人业务 中查看到业务状态。双击该业务，出现"当前业务处理列表"，按列表中的内容依次完善业务办理材料。确保列表中的项目均为"已填写"后，可在界面下方选择"同意"并点击 提交 按钮。至此，支行信贷员的审查、审批任务操作便已完成。

操作6：在界面右上方点击 角色切换 按钮，切换角色至"支行信贷科长"，点击左侧导航栏中的 当前个人业务 ，可查看到该贷款业务的状态已切换至"支行信贷科审批"。选择业务对象后，点击 受理 按钮，并对之前支行信贷员填写的内容进行复

查，确认没问题后，选择"同意"，并点击 提交 按钮。若存在问题，则选择"不同意"，将业务打回支行信贷员重新审查。完成后，继续切换角色至"支行分管行长"，按照商业银行由下至上的审查、审批原则，完成支行行长审批后，切换回支行信贷员角色，完成该项个人大额经营性贷款业务的确认。

操作7：上述任务完成后，在"我的任务"栏中，点击 ☆操作 → 提交任务 ，该项业务便在实验系统中正式提交完成。点击 ☆操作 → 任务详情 → 操作情况 ，查看办理该项业务的所有操作流程，可供实验报告流程写作参考。

实验报告要求

（1）在实验报告中绘制个人大额经营性贷款业务的流程图，并标注每个业务环节所涉及的银行信贷业务人员、职位以及负责内容。

（2）对贷款申请人王宏的背景信息进行调查，并在实验报告中对本次个人大额经营性贷款的风险进行分析。

2.2.3　其他个人经营性贷款业务实验

实验目的

（1）熟悉个人商业用房贷款的业务概念及操作流程。

（2）熟悉农户贷款业务及其贷款展期业务的操作流程。

（3）了解我国现阶段商业银行对个人工商户贷款和农户贷款业务之间的条件差异。

实验案例

案例1：夏明星考虑在家乡发展，欲在湖北钟祥市购买一商铺用于经营咖啡馆，总价150万元，自筹30万元，向银行申请个人商业用房贷款120万元，并以该商铺（价值200万元）作为抵押。2015年2月18日双方签订借款合同，合同约定执行利率为人民银行同期同档基准利率5.75%，期限为5年，还款日为每月15日，还款方式为分期非等额还款。

要求使用信用业务模拟平台为客户夏明星办理个人商业用房贷款业务。

案例2：雷锋荣从信用社贷款20万元用于养猪，期限为9个月（2013年5月10日至2014年2月10日），合同约定执行利率为人民银行同期同档基准利率5.75%，期限为5年，还款日为每月20日，并以其猪圈（价值30万元）做抵押，还款方式为分期等额还款。由于猪瘟疫，该客户暂时无力还款，2013年11月25日雷锋荣向银行申请展期到2014年10月20日。

要求使用信贷业务模拟平台，为农户雷锋荣办理农户贷款业务后，并按照客户申请为其贷款进行展期处理。

实验报告要求

（1）在系统中完成上述案例中的两个实验，并在实验报告中分别绘制两个案例中贷款业务的流程图。

（2）案例2中的借款人为农户，在系统中查询客户相关资料，并在报告中完成对农户雷锋荣的贷前调查报告。

（3）两个实验案例选择一个，在报告中详细说明业务操作流程，并配以关键性实验截图进行说明。

第三部分

信贷风险及贷后管理实验

　　信贷风险管理是指通过风险识别、计量、监测和控制等程序，对风险进行评级、分类、报告和管理，保持风险和收益的平衡发展，提高贷款的经济效益。贷后管理是指从贷款发放或其他信贷业务发生后直到本息收回或信用结束的全过程的信贷管理，包括信贷审批条件的落实、贷款跟踪检查、信贷风险监管与预警、贷款本息回收、不良信贷资产管理、信贷档案管理等工作内容。

　　本章节的实验内容主要涉及信贷风险管理中的信用等级评估和信贷风险分类，以及贷后管理中的贷后监控和不良贷款管理四部分的业务操作及应用。

项目 3.1　信用等级评估

3.1.1　客户信用等级评定概述

客户信用评级的概念

客户信用评级是指商业银行为了有效控制客户信用风险，实现信贷资金的安全性、流动性和收益性，从客户经营能力、盈利能力、偿债能力、发展能力以及客户素质和信用状况等方面，对客户进行综合评价和信用等级的确定。客户信用等级评定是目前较为通行的银行风险控制评价方法，它贯穿于信贷管理全过程，是客户准入管理、授信额度核定和调整、信贷风险审查、信贷定价、客户退出等重要前提和依据。

商业银行客户信用评级可分为针对法人客户的信用等级评定和针对个人客户的信用等级评定，其中个人客户信用评级还可细分为个人生产经营贷款客户与农户的信用等级评定。根据不同的客户对象，银行评级标准有所差异。

客户信用等级评定的指标体系

（1）法人客户信用评级体系。

一般业界对法人客户的信用评级包含信用履约状况、偿债能力、盈利能力、经营能力以及其他与企业发展相关的综合评价指标。见表 3-1-1。

表 3-1-1　　　　　　　　　　　　法人客户信用评级体系

信用履约指标	该指标反映客户守信及与银行的合作情况，主要有利息偿还记录、到期信用偿还记录、贷款资产形态等指标。
偿债能力指标	该指标包括长期偿债指标和短期偿债指标，主要有资产负债率、流动比率、现金流动比率、现金负债比率等指标。

表3-1-1(续)

盈利能力指标	该指标主要反映客户赚取利润的能力，是企业生存与发展的基础，不仅关系到股东的利益，也是企业偿还债务的重要保证，主要包括资产报酬率、销售利润率、营业利润率、净资产收益率等指标。
经营能力指标	该指标主要反映客户的经营能力、发展能力和发展前景，主要有存货周转率、销售收入增长率、净利润增长率、净资产增长率等指标。
综合评价指标	该指标主要是对客户及其所处环境进行定性分析，包括领导者素质、管理水平、发展前景、与银行业务合作关系等指标。

（2）个人客户信用评级体系。

个人贷款客户的信用评级一般是根据个人基本情况、履约能力、资信状况以及其他不利因素四个方面来进行评价测定。见表 3-1-2。

表 3-1-2　　　　　　　　　　个人客户信用评级体系

个人基本情况	包括客户的年龄、婚姻状况、供养人口、居住或经营场所等。
履约能力	包括客户的职业状况、职业所处行业类别、工作或经营年限、年收入状况、家庭财产、保险情况等。
资信状况	主要包括客户的存贷款状况及其信用记录。
其他不利因素	包括评定客户是否存在如逃废债务、信用卡恶意透支、社会不良记录、犯罪前科、与银行合作的情况等。

国际信用评级标准

我国企业信用评估的信用等级采用国际通行的"四等十级制"评级等级，具体等级分为 AAA，AA，A，BBB，BB，B，CCC，CC，C，D，具体等级标准如表 3-1-3所示：

表 3-1-3　　　　　　　　　　国际信用评级标准

AAA 级	信用极好—— 企业的信用程度高、债务风险小。该类企业具有优秀的信用记录，经营状况佳，盈利能力强，发展前景广阔，不确定性因素对其经营与发展的影响极小。

表3-1-3(续)

AA 级	信用优良—— 企业的信用程度较高，债务风险较小。该类企业具有优良的信用记录，经营状况较好，盈利水平较高，发展前景较为广阔，不确定性因素对其经营与发展的影响很小。
A 级	信用较好—— 企业的信用程度良好，在正常情况下偿还债务没有问题。该类企业具有良好的信用记录，经营处于良性循环状态，但是可能存在一些影响其未来经营与发展的不确定因素，进而削弱其盈利能力和偿还能力。
BBB 级	信用一般—— 企业的信用程度一般，偿还债务的能力一般。该类企业的信用记录正常，但其经营状况、盈利水平及未来发展易受不确定因素的影响，偿债能力有波动。
BB 级	信用欠佳—— 企业信用程度较差，偿还能力不足。该类企业有较多不良信用记录，未来前景不明朗，含有投机性因素。
B 级	信用较差—— 企业的信用程度差，偿债能力较弱。
CCC 级	信用很差—— 企业信用很差，几乎没有偿债能力。
CC 级	信用极差—— 企业信用极差，没有偿债能力。
C 级	没有信用—— 企业无信用。
D 级	没有信用—— 企业已濒临破产。

3.1.2　客户信用评估业务实验

实验目的

（1）掌握客户信用评级的概念。

（2）熟练掌握企业客户信用评级的指标体系及分析方法。

（3）运用相关评级知识对企业客户进行评级。

实验案例

北京清畅电力技术股份有限公司成立于 2005 年,主要经营电缆分支箱、环网柜、各种中压开关柜、柱上分界开关等中高压智能环保开关系列产品。公司注册资金 1 亿零 47 万元人民币,固定资产超过 3 亿元,是北京市高新技术企业。公司总部位于北京市海淀区中关村高科技企业园区上地信息产业基地。在怀柔雁栖湖工业园区拥有现代化生产制造基地,厂房占地 40 000 平方米。

2015 年由于新产品的研发,资金周转不足,北京清畅电力技术股份有限公司向银行申请企业流动资金贷款 5 000 万元,同时信贷员根据公司提交的资料对其进行信用评估。

在该业务中,信用评级标准参照国际上采用的"四等十级制",具体评分标准如表 3-1-4 所示:

表 3-1-4　　　　　　　　　"四等十级制"具体评分标准

评级总分	信用等级	信用度
100—90	AAA	特优
89.99—80	AA	优
79.99—70	A	良
69.99—60	BBB	较好
59.99—50	BB	尚可
49.99—40	B	一般
39.99—30	CCC	较差
29.99—20	CC	差
19.99—10	C	很差
10 分以下	D	极差

· 100—70 分:客户信用很好,整体业务稳固发展,经营状况和财务状况良好,资产负债结构合理,经营过程现金流量较为充足,偿债能力强,授信风险小。

· 69.99—40 分:客户信用较好,现金周转和资产负债状况可为债务偿还提供保证,授信有一定风险,需落实有效的担保规避授信风险。

· 39.99—10 分:客户信用较差,整体经营状况和财务状况不佳,授信风险较大,应采取措施改善债务人的偿债能力和偿债意愿,确保银行债权的安全。

· 10 分以下:客户信用极差,授信风险极大。

　　该笔业务现提交支行进行办理，在业务的办理流程中，银行方的审查、审批顺序为支行信贷员→支行信贷科→支行分管行长→支行行长→总行信贷部→总行行长。请按该业务操作顺序，分别扮演不同银行部门角色，完成业务的审批。

实验步骤

　　操作1：用自己的学生账号登录信贷业务及风险管理模拟平台，选择界面左侧的 客户信息 图标，弹出客户信息窗口；在弹出窗口左侧的导航栏中选择 登记查询 →导入客户信息，在客户类型下拉选项框中选择个人客户后点击查询。在窗口罗列的个人客户列表中，找到实验案例所涉及企业"北京清畅电力技术股份有限公司"，点击右上方的 导入客户信息 按钮，在 登记查询 中查询办理该业务的个人客户，选择客户，点击 锁定 按钮。

　　操作2：将鼠标按界面标识移动至模拟平台界面边缘，系统自动弹出 我的任务 操作任务列表，在列表中点击 信贷风险 按钮，找到"信用等级评估"业务，点击☆操作 → 开启任务，该业务在系统中便正式开启（如图3-1-1所示）。

图 3-1-1　启动信贷风险业务

操作3：业务开启后，便可以选择界面左侧的 信贷风险 图标，弹出信贷风险窗口。按照银行信贷业务的审批流程，在角色切换窗口中，先选择业务初审角色，即"支行信贷员"，点击 确认 按钮，则进入支行信贷员的业务操作窗口。在窗口左侧导航栏中点击 信用评估 → 启动业务 ，列表中只有"信用等级评估"一项，双击后选择要进行评估的企业，即"北京清畅电力技术股份有限公司"，点击右上方的 启动 按钮，便可在 评估业务 中，查看到业务受理状态（如图3-1-2所示）。

	工作类型	业务对象	业务种类	状态
1	信用等级评估受理	北京清畅电力技术股份有限公司	信用等级评估	业务受理

图3-1-2 查看业务受理状态

双击进入"当前业务处理列表"（如图3-1-3所示），按列表要求依次填写"信用等级评定"与"贷后客户调查"。

客户信息
客户编号：Q0000002　　客户类型：企业客户　　客户名称：北京清畅电力技术股份有限公司

当前业务处理列表

	工作名称	任务描述	业务状态
1	信用等级评定	信用等级评定	未填写
2	贷后客户调查	贷后客户调查	未填写

图3-1-3 填写业务处理信息

（1）信用等级评定："信用等级评定"窗口主要是对被评估客户的财务指标与非财务指标值给出评分，并予以权重，计算出总的信用得分。在本案例中，信用等级评定窗口直接采用的是北京清畅电力技术股份有限公司2013年已审计后的公司年报数据，其中要评估的财务指标包括盈利能力、偿债能力、成长能力、运营能力以及企业发展能力相关指标，而非财务指标包括领导者素质、信誉合作、经济效益、发展前景四方面的因素总和。财务指标的评级模板参考图3-1-4，非财务指标评级模板参考图

3-1-5。参照模板评分标准,对北京清畅电力技术股份有限公司 2015 年的年报进行评价(在实验报告中完成)。

注意在填写财务指标时,只需要填写"满意值""不允许值"以及"权重",填完后按回车键,系统会自动算出每项的"评价分数",以及汇总全部分数。评价非财务指标时,只需要根据企业实际情况选择系统已备选的指标值即可,指标得分和权重是系统根据指标值的选择自动打出的,但选择项必须与企业相关指标的实际状况相符,比如同行业对比情况,需要信贷员搜集同行业指标和公司相关指标进行对比后再做评价。当财务与非财务指标得分均填入后,系统会根据权重自动算出总分,并给出公司信用等级。

指标种类:财务指标		得分:31.65				
财务指标	指标名称	指标值	满意值	不允许值	评价分数	权重
盈利能力分析	销售利润率	8.33%	0.2	0.12	41.65	0.06
	净资产收益率	7.80%	0.2	-0.1	83.73	0.05
	主营业务利润率	35.32%	0.224	-0.048	119.00	0.06
	营业净利率	7.54%	0.2	-0.2	87.54	0.05
	总资产报酬率	6.52%	0.093	0.005	87.36	0.06
	总资产净利率	4.04%	0.1	-0.1	88.08	0.05
	成本费用利润率	8.98%	0.22	0.14	34.90	0.04
偿债能力分析	流动比率	178.95%	2	1.2	89.47	0.05
	速动比率	111.14%	1.348	0.6	87.35	0.04
	现金比率	4.08%	0.06	0	87.20	0.04
	资产负债率	51.46%	0.447	0.927	94.37	0.04
	产权比率	106%	1.2	0.8	86.00	0.04
	利息保障倍数	3.17	0.025	0.03	46.40	0.04
成长能力分析	营业收入增长率	16.26%	0.3	-0.1	86.26	0.01
	营业利润增长率	-12.91%	0.05	-0.1	52.24	0.01
	净利润增长率	-13.31%	0.2	-0.1	55.59	0.01
营运能力分析	应收账款周转率	2.88	0.083	0.019	66.13	0.02
	存货周转率	1.36	0.053	0.008	64.98	0.02
	总资产周转率	0.54	0.016	0.001	71.73	0.02
	流动资产周转率	0.7	0.015	0.006	64.44	0.02
	固定资产周转率	3.21	0.02	0.05	83.87	0.02
企业发展能力分析	销售增长率	16.26%	0.269	0.017	83.11	0.01
	总资产增长率	24.36%	0.3	0.1	88.72	0.01
	三年资本平均增长率		0.089	-0.084	79.42	0.01
	资本积累率	7.51%	0.187	0.009	74.85	0.01
	资本保值增值率	108.12%	1.134	1.01	82.97	0.01

图 3-1-4　财务指标的评级模板

指标种类：非财务指标　　　　　　得分：　20.0

指标名称	指标值	指标得分	权重（%）
领导素质---作风品行	优秀	0.5	0.5
领导素质---才干教育	优秀	0.5	0.5
领导素质---经营管理	优秀	0.5	0.5
领导素质---团结协作	优秀	0.5	0.5
信誉合作---信用记录	一直按期还本付息	3	3
信誉合作---结算记录	50%（含50%）以上的	3	3
领导素质---应变开拓	优秀	0.5	0.5
经济效益---盈利记录	本年盈利，近二年盈利连续增加	3	3
信誉合作---结算比重	50%（含50%）以上的	3	3
信誉合作---合作关系	优秀	3	3
发展前景---开发能力	在同行业中属优秀	1.5	1.5
发展前景---外部环境	在同行业中属优秀	1	1

图 3-1-5　非财务指标的评级模板

（2）贷后客户调查：在贷后客户调查中，有 37 项关于公司在贷款后的管理、经营、发展等各方面状况的评价。可根据系统提示完成相关内容（如图 3-1-6 所示）。

企业主要领导建立及评价：	内容说明
	(从业务素质、领导能力、创新精神、道德品质等方面进行评价，比如对潜在的竞争是如何认识的？准备采取那些策略？是否有能力控制增长、提高市场占有率？是否有广阔的视野、策略是否有深度和远见？能否及早辨认出问题所在，以及快市场一步洞悉有利的机会？)
企业管理分析：	内容说明
	企业领导人的业绩如何？他们是如何处理重大事项，如银根紧缩、法律诉讼、主要对手挑战、监管机构的压力？与同业相比，企业各项业务的回报率如何？在经济周期以及有关该行业的科技、供求、信贷和其他周期的不同阶段，企业的表现如何？
客户的管理结构如何？：	内容说明
	主要从企业班子结构是否优良（年龄、文化、专业水平、开拓创新、团结等方面分析）、企业内部信息是否流通顺畅、激励约束制度是否落实、人力资源配置是否合理等方面进行分析

图 3-1-6　根据系统提示完成相关内容

确保列表中的项目均为"已填写"后，可在界面下方选择"同意"并点击 提交 按钮。至此，支行信贷员的审查、审批任务便已完成。

操作4：在界面右上方点击 角色切换 按钮，切换角色至"支行信贷科长"，点击左侧导航栏中的 当前个人业务 按钮，可查看到该贷款业务的状态已切换至"支行信贷科审批"。选择业务对象后，点击 受理 按钮，并对之前支行信贷员填写的内容进行复查，确认没问题后，选择"同意"，并点击 提交 按钮。若存在问题，则选择"不同意"，将业务打回支行信贷员重新审查。完成后，继续按照商业银行由下至上的审查、审批原则切换角色审批业务，分别完成支行分管行长审批、支行行长审批、总行信贷部初审员审查、总行信贷部副经理复审以及总行行长审批后，切换回支行信贷员角色完成信用评级业务的确认。

操作5：上述任务完成后，在"我的任务"栏中，点击 ☆操作 → 提交任务 ，该项业务便在实验系统中正式提交完成。点击 ☆操作 → 任务详情 → 操作情况 ，查看办理该项业务的所有操作流程，可供实验报告流程写作参考。

实验报告要求

（1）在系统中的"客户信息"窗口中，选择 登记查询 → 导入客户信息 ，在企业客户中双击本章节案例中的"北京清畅电力技术股份有限公司"，熟悉客户基本非财务信息，然后按照图3-1-5中的非财务指标评价体系，在实验报告中对该企业进行非财务因素分析，总结每项指标值给出的原因。

（2）在"客户信息"窗口中，任意锁定一家主板上市企业（如图3-1-7所示），即股票代码为"600""601""00"开头的企业。然后运用证券行情软件查询该企业最新的财务报表，参考图3-1-4和相关财务知识，选取自己认为合理的财务指标体系，对该企业的财务状况进行评分。

	客户类型	客户编号	客户名称
	客户类型: 企业客户 ▼ 🔍 查询		
1	企业客户	Q0000001	深圳市海王生物工程股份有限公司
2	企业客户	Q0000002	北京清畅电力技术股份有限公司
3	企业客户	Q0000003	浙江久立特材科技股份有限公司
4	企业客户	Q0000004	福建省青山纸业股份有限公司
5	企业客户	Q0000005	武汉钢铁股份有限公司
6	企业客户	Q0000006	中核华原钛白股份有限公司
7	企业客户	Q0000007	陕西炼石有色资源股份有限公司
8	企业客户	Q0000008	安徽皖维高新材料股份有限公司
9	企业客户	Q0000009	广东汕头超声电子股份有限公司
10	企业客户	Q0000010	重庆市迪马实业股份有限公司

图 3-1-7　锁定一家企业进行财务状况评分

项目 3.2　贷款风险分类

3.2.1　贷款风险分类概述

贷款分类的概念

贷款分类是银行信贷管理的重要组成部分，是指银行根据审慎的原则和风险管理的需要，定期对信贷资产质量进行审查，并按照风险程度将贷款划分为不同档次的过程，其实质是判断债务人及时足额偿还贷款本息的可能性。

贷款分类的标准

从 2004 年起，国有独资商业银行、股份制商业银行两类银行将奉行国际标准，取消原来并行的贷款四级分类制度，全面推行贷款五级分类制度。2007 年银监会发布的《贷款风险分类指引》中规定商业银行贷款五级分类是贷款风险分类的最低要求，各商业银行可根据自身实际制定贷款分类制度，细化分类方法，但不得低于五级分类的要求，并与五级分类方法具有明确的对应和转换关系。

我国的贷款五级分类即正常、关注、次级、可疑和损失，后三类合称为不良贷款，其核心定义如表 3-2-1 所示：

表 3-2-1　　　　　　　　　　　　贷款五级分类的核心定义

贷款分类	核心定义
正常贷款	借款人能够履行合同，一直能正常还本付息。
关注贷款	尽管借款人目前有能力偿还贷款本息，但存在一些可能对偿还产生不利影响的因素。
次级贷款	借款人的还款能力出现明显问题，完全依靠其正常营业收入无法足额偿还贷款本息，需要通过处分资产或对外融资乃至执行抵押担保来还款付息。

表3-2-1(续)

可疑贷款	借款人无法足额偿还贷款本息，即使执行抵押或担保，也肯定要造成一部分损失。
损失贷款	借款人已无偿还本息的可能，无论采取什么措施和履行什么程序，贷款都注定要遭受损失或者仅能收回极少部分。

五级分类的基本特征

（1）正常贷款的基本特征：

借款人有能力履行承诺，还款意愿良好，经营、财务等各方面状况正常，能正常还本付息。即便借款人可能存在某些消极因素，但现金流量充足，不会对按约足额偿还贷款本息产生实质性影响。

（2）关注贷款的基本特征：

· 借款人本息或垫付款项逾期90天以内；

· 关键财务指标出现异常或低于行业平均；

· 或有负债过大或环比有较大提升；

· 固定资产贷款项目出现重大的不利于贷款偿还的因素；

· 未按约定用途使用贷款；

· 借款人或担保人改制对贷款可能产生不利影响；

· 主要股东、关联企业或母子公司等发生了重大的不利于贷款偿还的变化；

· 管理层出现重大意见分歧或者法定代表人和主要经营者的品行出现了不利于贷款偿还的变化；

· 抵押物、质押物价值下降；保证人财物出现问题；

· 外部因素的变化对借款人的经营产生不利影响。

（3）次级贷款的基本特征：

· 本金或利息逾期91天至180天；

· 经营活动的现金流量为负数；

· 不能偿还其他债权人债务；

· 不得不通过出售、变卖主要的生产、经营性固定资产来维持生产经营；

· 采用隐瞒事实等不正当手段取得贷款。

（4）可疑贷款的基本特征：

· 本金或利息逾期 181 天以上；

· 经营或贷款项目处于停产、半停产状态；

· 实际已资不抵债；

· 涉及重大经济案件；

· 重组后仍然不能正常归还本息；

· 借款人进入清算程序。

（5）损失贷款的基本特征：

· 解散、关闭、撤销、宣告破产，并终止法人资格；

· 虽未终止法人资格，但名存实亡；

· 借款人死亡或者失踪，并对担保人进行追偿后未能收回的贷款；

· 借款人遭受重大自然灾害或意外事故；

· 借款人触犯刑律，依法判处刑罚。

3.2.2 客户贷款五级分类评定实验

实验目的

（1）掌握我国现代商业银行贷款五级分类标准的核心定义和评判标准。

（2）根据五级分类标准对个人或企业贷款进行风险评定。

（3）掌握贷款分类评定业务的操作流程。

实验案例

雷锋荣从信用社申请个人大额经营性贷款 50 万元用于种植农作物，期限为 9 个月（2013 年 3 月 10 日至 2013 年 12 月 10 日），约定贷款利率为 5.57%，还款方式为分期等额还款。同时，张斯奇为其提供连带责任保证担保。截至 2014 年 2 月 5 日，由于农作物受灾，该客户暂时无力还款。

要求先在系统中为雷锋荣办理保证担保以及农户经营性贷款业务，然后再按照案例情形，在系统中对该个人经营性贷款给出风险分类评定。

实验步骤

操作1：参考章节2.2.2的实验内容，对雷锋荣处理担保业务（相关信息填写如图3-2-1所示）及个人大额经营性贷款业务，完成对雷锋荣放款（相关信息填写如图3-2-2所示）。

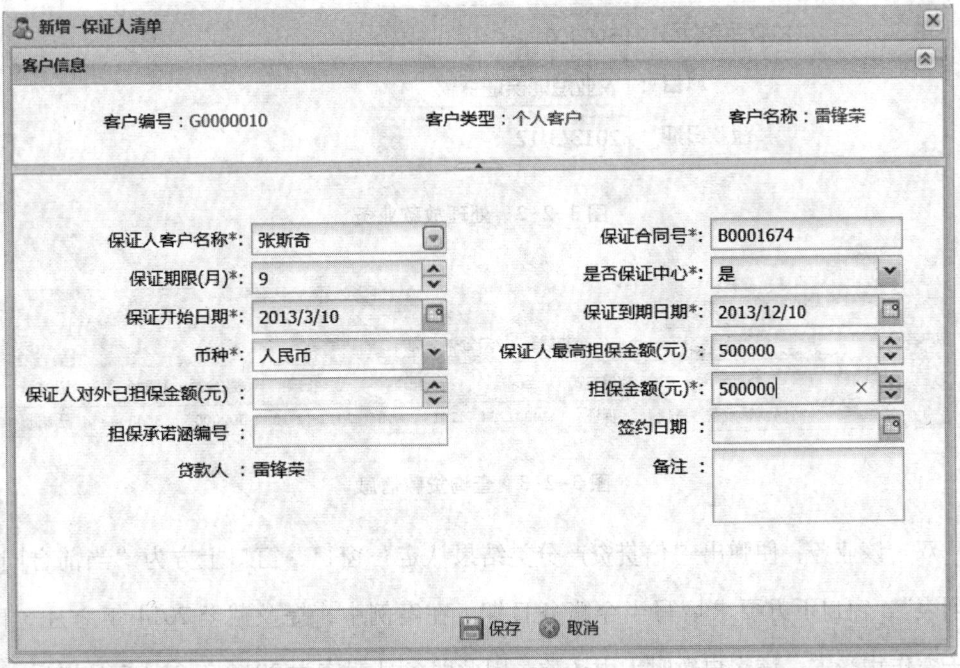

图 3-2-1 处理担保业务

操作2：将鼠标按界面标识移动至模拟平台界面边缘，系统自动弹出 我的任务 操作任务列表，在列表中点击 信贷风险 按钮，找到"五级分类"业务，点击 ☆操作 → 开启任务 ，该业务在系统中便正式开启。

操作3：点击系统界面中的"信贷风险"图标，在"信贷风险"窗口中，点击 五级分类 → 个人贷款手工分类 ，即可在列表中查询到当前雷锋荣的个人经营性贷款

（如图 3-2-3 所示）。

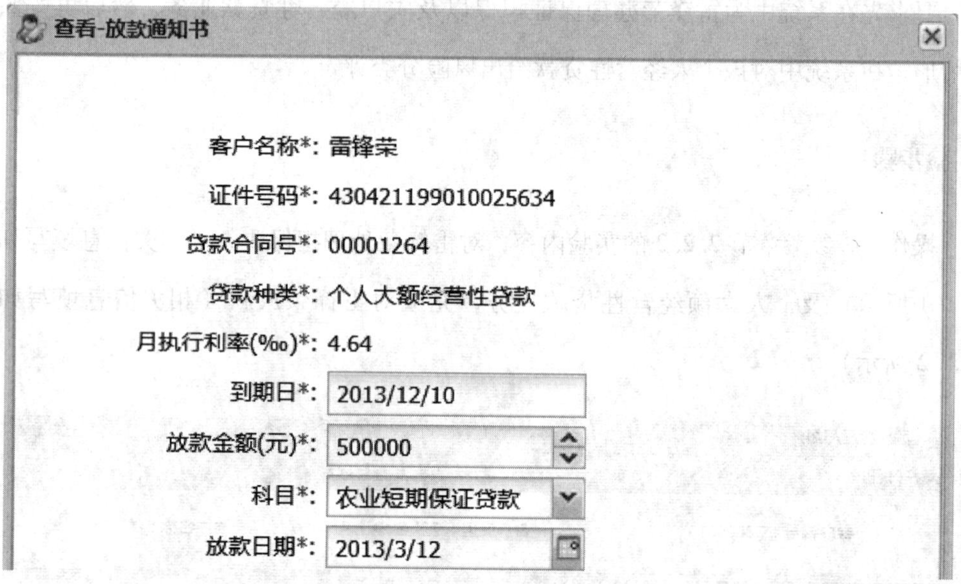

图 3-2-2　处理放款业务

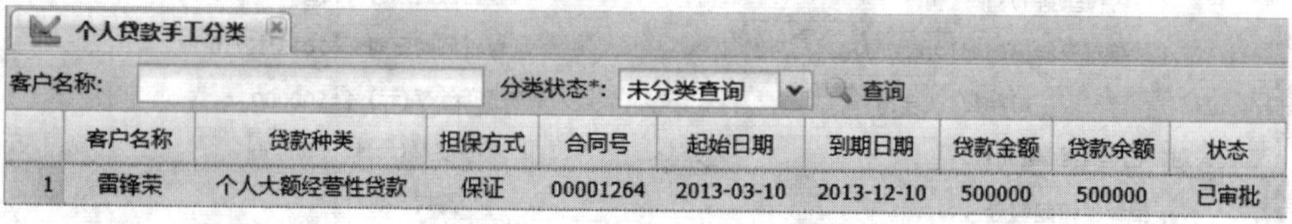

	客户名称	贷款种类	担保方式	合同号	起始日期	到期日期	贷款金额	贷款余额	状态
1	雷锋荣	个人大额经营性贷款	保证	00001264	2013-03-10	2013-12-10	500000	500000	已审批

图 3-2-3　查询贷款信息

双击该业务，便弹出“信贷资产分类结果认定”窗口，窗口上方为“当前合同情况列表”，窗口下方要求填写当今账务日期。在案例中，提及截至 2014 年 2 月 5 日，由于农作物受灾，该客户暂时无力还款，因此账务日期应为 2014 年 2 月 5 日以后。在选择日期后，系统会根据贷款的逾期情况，在“分类选项”下拉框中自动核算出该笔贷款现在的风险分类情况，即“关注类”（如图 3-2-4 所示）。点击 保存 按钮后，结束贷款分类评定业务。

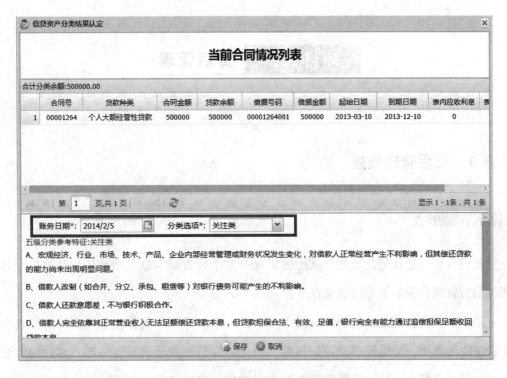

图 3-2-4　处理贷款分类评定业务

操作 4：上述任务完成后，在"我的任务"栏中，点击 ☆操作 → 提交任务 ，该项业务便在实验系统中正式提交完成。点击 ☆操作 → 任务详情 → 操作情况 ，查看办理该项业务的所有操作流程，可供实验报告流程写作参考。

实验报告要求

（1）在系统的客户中任意选择一家企业，为其做一笔 9 个月的流动资金贷款，贷款担保为保证担保，贷款金额为 1 000 万元。完成贷款业务后，若客户逾期 85 天未还清贷款，为其进行相应的贷款风险分类。

（2）若上述客户逾期 178 天仍未还清贷款，在系统中更新其贷款风险分类。

（3）将上述操作过程记录在实验报告中，并指出除了逾期天数以外，还有哪些标准可以用来判断企业客户的贷款风险情况。

项目 3.3　贷后管理

3.3.1　贷后管理概述

贷后管理的概念

贷后管理是指从贷款发放或其他信贷业务发生后直到本息收回或信用结束的全过程的信贷管理。贷后管理的意义在于：

第一，贷后管理是信贷管理的最终环节，对于确保银行贷款安全和案件防控具有至关重要的作用。贷后管理是控制风险、防止不良贷款发生的重要一环。客户的经营财务状况是不断变化的，可能在审批授信时客户经营财务状况良好，但由于行业政策的影响、客户投资失误的影响、上下游的影响（负面影响表现在原材料涨价和产品降价或需求减少等）会引起客户的经营财务状况发生较大不利变化。贷后管理就是要跟踪客户所属行业、客户的上下游和客户本身经营财务状况包括其商业信用的变化，及时发现可能不利于贷款按时归还的问题，并提出解决问题的措施。

第二，贷后管理是银行转变经营管理理念的要求。长期以来，商业银行重数量、轻质量；重结果、轻过程；重短期、轻长期。因此，商业银行要实现科学发展必须转变经营理念与机制，摒弃"重贷轻管"的发展方式，强化贷后管理，可以提高资金使用效率，稳定资产质量，增强商业银行的核心竞争力。

第三，贷后管理是商业银行实现可持续发展的保障。我国资产证券化还处于起步阶段，尚难以成为转移资产风险的主要手段，只有通过强化贷后管理，才能有效控制授信敞口风险，减少资产质量问题，使授信资产得以顺利收回，从而提高商业银行的资本使用效率和综合收益，为可持续发展提供有效保障。

第四，贷后管理是商业银行变革服务客户模式的手段。贷后管理不仅能控制资产质量，更能进行价值创造。一方面，通过贷后管理有利于把风险主动控制在商业银行可接受的范围内；另一方面，贷后管理是促进金融创新、提升服务客户能力的重要工具与途径。

贷后管理的责任制度

贷后管理实行经营主责任人制度和风险监控主责任人制度。其中，经营主责任人制度是指各级行行长对经营的所有信贷业务负责，按照行业、客户类型或客户规模配备客户经理，并由此客户经理担任管户主责任人，负责贷后管理的实施；风险监控主责任人制度是指在信贷部门设立风险经理岗位，实时监控贷后风险，风险经理是银行的风险监控主责任人。在这里，风险经理是指负责对客户经理贷后管理工作情况进行监控和对客户风险进行预警的风险控制人员。

贷后管理是一项系统工程，涉及多层次、多部门及个人，包括各级行行长、客户部门、信贷管理部门、风险资产管理部门、会计部门、法规部门、审计部门、监察部门、客户经理和风险经理等。其岗位职责分工情况如表 3-3-1 所示：

表 3-3-1 　　　　　　　　　　贷后管理岗位职责分工

管理岗位	职责分工
各级行行长	负责贷后组织结构上的配置、督查、批复
客户部门	贷后管理的实施部门
客户经理	贷后管理工作的主要执行人员
信贷管理部门	贷后管理的风险监控部门，与客户部门共同控制客户信贷风险
风险经理	风险控制人员，负责现场检查和在线检查
风险资产经营部门	负责处理不良资产和不良客户的管理
其他相关部门	会计部门、法规部门、审计监察部门应承担的岗位职责

贷后管理的业务内容及操作要求

贷后管理包含的业务内容十分多样，包含账户管理、贷款检查（贷后监控）、风险预警与风险处理、客户信用评级复测与授信额度核定、贷款风险分类、信贷业务到期处理与贷款收回、信贷档案管理以及最后的贷款总结评价。直至最后一步完成后，整个贷款贷后管理业务才真正完结。

（1）账户管理的业务内容及操作要求（如表 3-3-2 所示）。

表 3-3-2　　　　　　　　　　账户管理的业务内容及操作需求

监管账户设置	保证客户基本账户开立并保持在本行
监管资金支付	保证贷款资金专款专用，可实行计划审批制 （编制资金计划表→提交用款申请→审查、审批）
监管资金收入	监督客户资金运营状况及销售收入归行比例
监管项目资本金 和其他资金	坚持先用自有资金、再用银行贷款原则 目的：防止形成资金缺口
加强客户现金管理	核定一个能保证正常周转的库存限额 超库存部分即时存入开户行 目的：防止客户坐支现金或抽逃资金

（2）贷款检查的业务内容及操作要求。

信贷资产检查，是指从客户实际使用银行信用后到该信贷业务完全终止前，信贷人员对信贷客户及影响信贷资产安全的有关因素进行跟踪和分析，及时发现预警信号，并采取相应补救措施的信贷管理过程。

检查内容涉及客户及担保人生产经营、财务状况、行业市场状况、内部组织变化、抵押物状况、项目进展情况等。

贷款检查可分为首次跟踪检查、定期检查以及特别（重点）检查，其具体业务内容如表 3-3-3 所示。

表 3-3-3　　　　　　　　　　贷款检查的具体内容

首次跟踪检查	一般在贷后 15 天内进行（不同银行有不同标准） 主要检查内容： 流动资金贷款：购销合同、交易凭证、付款凭证等 项目贷款：资金流向、购置设备及金额是否适量 银行承兑汇票：汇票内容是否与审批时一致

表3-3-3(续)

定期检查	根据不同类型贷款确定检查频率（每月/每季度/半年） 主要检查内容： 收集分析客户的财务报表 检查客户的生产经营、资金管理状况 客户信用等级测评、调整评级 了解客户在其他银行的债务情况变化 了解客户是否有影响贷款安全的重大事项 抵（质）押物检查 项目建设进度检查
特别（重点）检查	应对短期内发生剧烈动荡、变化或行业发生不利情况的客户，随时对其 进行实地调查和检查

（3）风险预警与风险处理。

风险预警是指对客户出现的风险信号和损失的可能性进行预告、揭示和警惕。风险预警的具体业务操作如下：

①明确风险预警信号

②建立健全风险预警处理机制

· 填制"风险预警信号处理表"并提交；

· 录入信贷管理系统；

· 3天内提出初步处理意见并报行长批复；

· 3个月内未消除或预计不能解除的，形成风险化解方案。

（4）信用评级复测（具体业务操作参照章节3.1.2的业务操作内容）。

（5）贷款风险分类（具体业务操作参照章节3.2.2的业务操作内容）。

（6）信贷业务到期处理与贷款收回的业务内容。

贷款到期处理主要包含贷款到期通知、贷款展期处理、借新还旧处理、贷款本息收回、提前归还贷款的处理以及贷款逾期催收和不良贷款催收。（具体业务操作参照项目3.4中的业务操作内容）

（7）信贷档案管理业务内容。

信贷档案指银行在信贷业务的受理、调查评价、审批、发放和贷后管理过程中形成的具有法律意义、史料价值及查考利用价值的资料，包括合同、文件、账表、函电、记录、图表、声像、磁盘等。

3.3.2 贷后调查业务实验

实验目的

（1）了解贷后管理的重要性以及贷后管理包含的所有业务内容。

（2）熟悉贷后调查的相关内容，区分首次调查、定期调查与重点调查的内容差异。

（3）掌握贷后调查的业务操作流程及系统数据录入。

（4）熟练撰写贷后调查分析报告。

实验案例

安徽皖维高新材料股份有限公司成立于 1996 年，注册资金 500 万元，主营业务是化工、特种纤维、建材产品生产，现具有年产 25 万吨聚乙烯醇（PVA）、1.5 万吨高强高模 PVA 纤维、300 万吨环保水泥及熟料、6 万吨差别化聚酯切片、1.5 万吨聚醋酸乙烯乳液（白乳胶）、热电联产年自发电量 4.5 亿千瓦时的生产能力。

2015 年 3 月 9 日安徽皖维高新材料股份有限公司由于接到一批较大的订单，原材料采购出现了资金缺口，因此向银行申请 400 万元贷款，以评估值为 300 万元的房产和评估值为 300 万元的机器设备作为抵押担保。银行发放了该笔贷款，并定期对借款人进行调查。

该笔业务现提交支行进行办理，在业务的办理流程中，银行方的审查、审批顺序为支行信贷员→支行信贷科→支行分管行长→支行行长→总行信贷部→总行行长。请按该业务操作顺序，分别扮演不同银行部门角色，完成业务的审批。

实验步骤

操作 1：用自己的学生账号登录信贷业务及风险管理模拟平台，选择界面左侧的 客户信息 图标，弹出客户信息窗口；在弹出窗口左侧的导航栏中选择 登记查询 →

导入客户信息，在客户类型下拉选项框中选择个人客户后点击查询。在窗口罗列的个人客户列表中，找到实验案例所涉及企业"安徽皖维高新材料股份有限公司"，点击右上方的 导入客户信息，在 登记查询 中查询办理该业务的个人客户，可选择客户，点击 锁定 按钮。

操作 2：将鼠标按界面标识移动至模拟平台界面边缘，系统自动弹出 我的任务 操作任务列表，在列表中点击 信贷风险 按钮，找到"贷后调查"业务，点击 ☆操作 → 开启任务，该业务在系统中便正式开启。

操作 3：点击系统界面中的"信贷风险"图标，在"信贷风险"窗口中，选择"支行信贷员"角色，点击 贷后调查 → 业务启动，并双击选择"企业常规调查"，在企业列表中选择被调查的企业客户"安徽皖维高新材料股份有限公司"，点击右上方的 启动 按钮。随后点击 贷后调查 → 贷后调查业务，即可查看当前调查业务的对象及业务状态（如图 3-3-1 所示）。

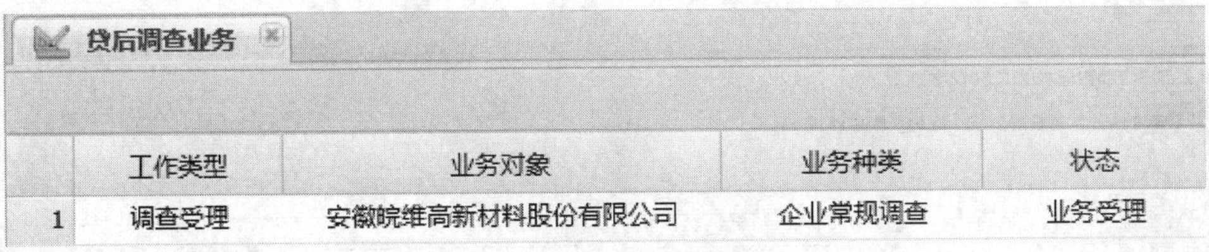

	工作类型	业务对象	业务种类	状态
1	调查受理	安徽皖维高新材料股份有限公司	企业常规调查	业务受理

图 3-3-1　查看业务对象及状态

双击该业务进行受理，系统显示"当前业务处理列表"，双击列表中的"企业常规调查"，系统弹出自动生成的该公司"信贷资产检查报告"模板，按模板内容填写该报告。填写时注意，调查日期应在贷款日期 2015 年 3 月 9 日以后，调查内容请控制在规定字数之内，简明扼要地填写。信贷资产检查报告如图 3-3-2 所示。

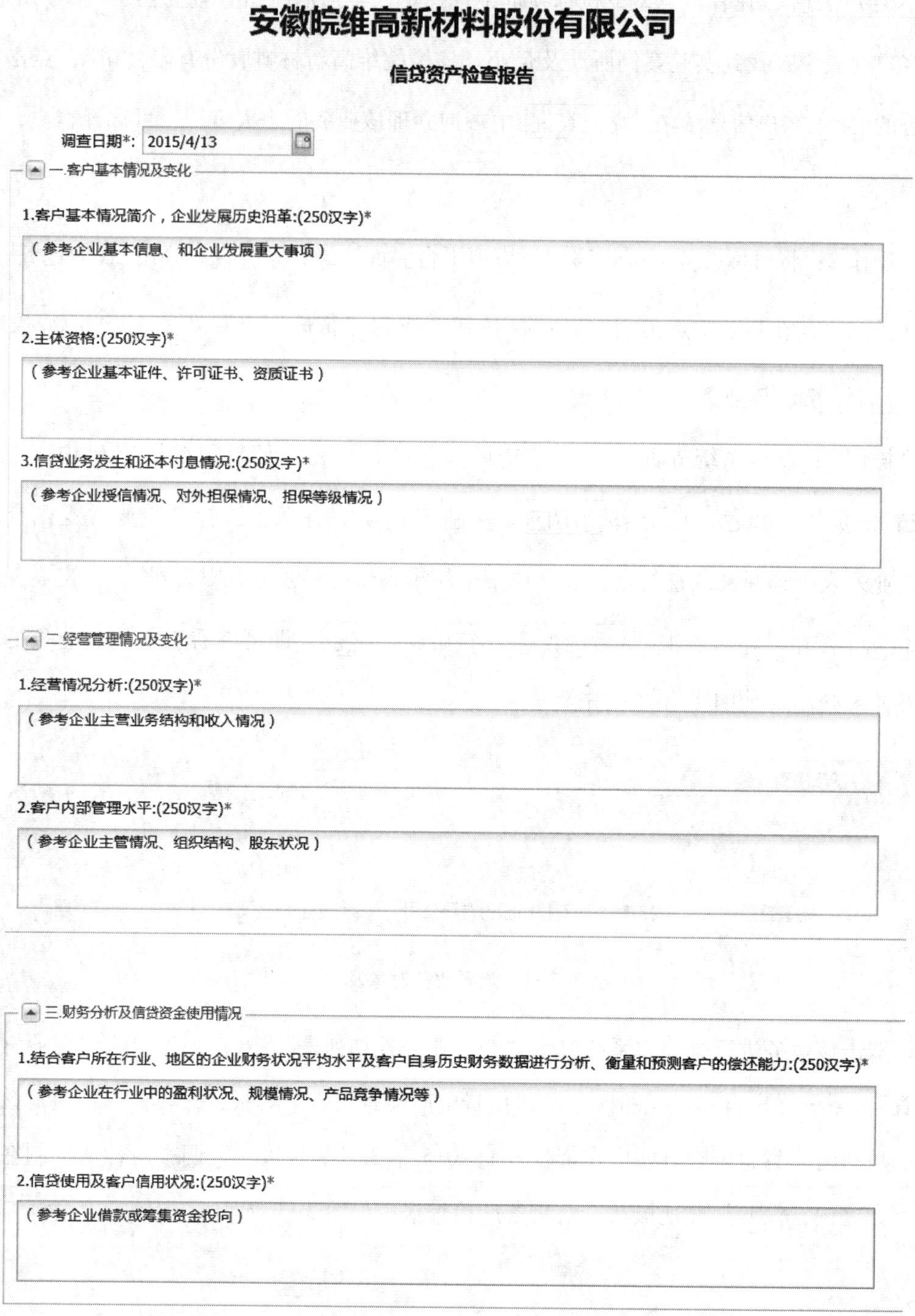

安徽皖维高新材料股份有限公司

信贷资产检查报告

调查日期*: 2015/4/13

⌄ 一.客户基本情况及变化

1.客户基本情况简介，企业发展历史沿革:(250汉字)*

（参考企业基本信息、和企业发展重大事项）

2.主体资格:(250汉字)*

（参考企业基本证件、许可证书、资质证书）

3.信贷业务发生和还本付息情况:(250汉字)*

（参考企业授信情况、对外担保情况、担保等级情况）

⌄ 二.经营管理情况及变化

1.经营情况分析:(250汉字)*

（参考企业主营业务结构和收入情况）

2.客户内部管理水平:(250汉字)*

（参考企业主管情况、组织结构、股东状况）

⌄ 三.财务分析及信贷资金使用情况

1.结合客户所在行业、地区的企业财务状况平均水平及客户自身历史财务数据进行分析、衡量和预测客户的偿还能力:(250汉字)*

（参考企业在行业中的盈利状况、规模情况、产品竞争情况等）

2.信贷使用及客户信用状况:(250汉字)*

（参考企业借款或筹集资金投向）

图 3-3-2 信贷资产检查报告

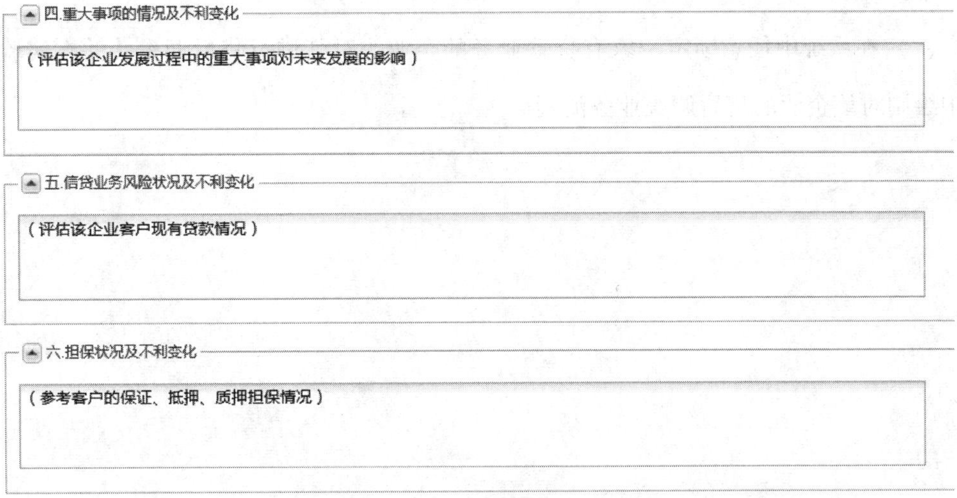

▲ 四.重大事项的情况及不利变化
（评估该企业发展过程中的重大事项对未来发展的影响）

▲ 五.信贷业务风险状况及不利变化
（评估该企业客户现有贷款情况）

▲ 六.担保状况及不利变化
（参考客户的保证、抵押、质押担保情况）

图 3-3-2 信贷资产检查报告（续）

确保列表中的项目均为"已填写"后，可在界面下方选择"同意"并点击 提交 按钮。至此，支行信贷员的审查、审批任务操作便已完成。

操作 4：在界面右上方点击 角色切换 按钮，切换角色至"支行信贷科长"，点击左侧导航栏中的 当前个人业务 按钮，可查看到该贷款业务的状态已切换至"支行信贷科审批"。选择业务对象后，点击 受理 按钮，并对之前支行信贷员填写的内容进行复查，确认没问题后，选择"同意"，并点击 提交 按钮。若存在问题，则选择"不同意"，将业务打回支行信贷员重新审查。完成后，继续按照商业银行由下至上的审查、审批原则切换角色审批业务，分别完成支行分管行长审批、支行行长审批、总行信贷部初审员审查、总行信贷部副经理复审以及总行行长审批后，切换回支行信贷员角色，完成贷后调查业务确认。

操作 5：上述任务完成后，在"我的任务栏"中，点击 ☆操作 → 提交任务 ，该项业务便在实验系统中正式提交完成。点击 ☆操作 → 任务详情 → 操作情况 ，查看办理该项业务的所有操作流程，可供实验报告流程写作参考。

实验报告要求

（1）将实验中《信贷资产检查报告》的内容按照标准的报告格式要求，写进实验报告中。

　　（2）在系统中任意锁定一家有贷款业务的企业，对其进行贷后调查，并在实验报告中绘制对该企业的贷后调查业务流程。

项目3.4　不良贷款管理

3.4.1　不良贷款管理概述

不良贷款的定义

不良贷款是指借款人未能按原定的贷款协议按时偿还商业银行的贷款本息，或者已有迹象表明借款人不可能按原定的贷款协议按时偿还商业银行的贷款本息而形成的贷款。现今我国商业银行的不良贷款主要指次级、可疑和损失类贷款。

不良贷款的处置方式

不良贷款的处置方式主要有现金清收、债务重组以及呆账核销三种。

现金清收：指不良贷款本息及应收未收账款以现金方式收回，主要包括债权维护及财产清查两个方面。

债务重组：指银行由于借款人财务状况恶化，或无力还款而对借款合同还款条款做出调整的过程。它包含自主型债务重组和司法型债务重组，前者由银行和借款企业协商决定，后者则是在法院主导下，债权人对债务进行适当调整。

呆账核销：银行经过内部审核确认后，动用呆账准备金将无法收回或长期难以收回的贷款或投资从账面上冲销。

呆账认定

呆账是指已过偿付期限，经催讨尚不能收回，长期处于呆滞状态，有可能成为坏账的应收款项。呆账是未能及时进行清账的结果，又指因对方不还而收不回来的财物。

贷款出现以下情况一般可认定为呆账：

（1）借款人和担保人依法宣告破产、关闭、解散或撤销，并终止法人资格，金融企业对借款人和担保人进行追偿后，未能收回的债权；

（2）借款人死亡，或者依照《中华人民共和国民法通则》的规定宣告失踪或者死亡，金融企业依法对其财产或者遗产进行清偿，并对担保人进行追偿后，未能收回的债权；

（3）借款人遭受重大自然灾害或者意外事故，损失巨大且不能获得保险补偿，或者以保险赔偿后，确实无力偿还部分或者全部债务，金融企业对其财产进行清偿和对担保人进行追偿后，未能收回的债权；

（4）借款人和担保人虽未依法宣告破产、关闭、解散、撤销，但已完全停止经营活动，被县级及县级以上工商行政管理部门依法注销、吊销营业执照，金融企业对借款人和担保人进行追偿后，未能收回的债权；

（5）借款人和担保人虽未依法宣告破产、关闭、解散、撤销，但已完全停止经营活动或下落不明，未进行工商登记或连续两年以上未参加工商年检，金融企业对借款人和担保人进行追偿后，未能收回的债权；

（6）借款人触犯刑律，依法受到制裁，其财产不足以归还所借债务，又无其他债务承担者，金融企业经追偿后确实无法收回的债权；

（7）由于借款人和担保人不能偿还到期债务，金融企业诉诸法律，经法院对借款人和担保人强制执行，借款人和担保人均无财产可执行，法院裁定终结、终止或中止执行后，金融企业仍无法收回的债权；

（8）对借款人和担保人诉诸法律后，因借款人和担保人主体资格不符或消亡等原因，被法院驳回起诉或裁定免除（或部分免除）债务人责任；或因借款合同、担保合同等权利凭证遗失或丧失诉讼时效，法院不予受理或不予支持，金融企业经追偿后仍无法收回的债权；

（9）由于上述（1）至（8）项原因借款人不能偿还到期债务，金融企业依法取得抵债资产，抵债金额小于贷款本息的差额，经追偿后仍无法收回的债权；

（10）开立信用证、办理承兑汇票、开具保函等发生垫款时，凡开证申请人和保证人由于上述（1）至（9）项原因，无法偿还垫款，金融企业经追偿后仍无法收回的垫款；

（11）按照国家法律法规规定具有投资权的金融企业的对外投资，由于被投资企业依法宣告破产、关闭、解散或撤销，并终止法人资格的，金融企业经清算和追偿后仍无法收回的股权；

（12）金融企业经批准采取打包出售、公开拍卖、转让等市场手段处置债权或股权后，其出售转让价格与账面价值的差额，可认定为呆账。

3.4.2 不良贷款催收实验

实验目的

（1）掌握不良贷款的概念。

（2）熟悉不良贷款的不同处置方式。

（3）掌握不良贷款催收的业务操作流程。

实验案例

雷锋荣从信用社申请个人大额经营性贷款 50 万元用于种植农作物，期限为 9 个月（2013 年 3 月 10 日至 2013 年 12 月 10 日），约定贷款利率为 5.57%，还款方式为分期等额还款。同时，张斯奇为其提供连带责任保证担保。截至 2014 年 2 月 5 日，由于农作物受灾，该客户暂时无力还款。在该笔贷款被银行标注为关注类贷款三个月后，雷锋荣仍未偿还贷款。现银行应对该笔不良贷款进行催收。

实验步骤

操作 1：按照章节 3.2.2 中的步骤，将雷锋荣的贷款风险评定为次级贷款，因为被标注为关注类贷款后三个月后都未还款，表示贷款逾期已超过 150 天。

操作 2：点击"信贷风险"图标，弹出"信贷风险"业务窗口，点击左侧导航栏中的 不良贷款催收 → 催收认定业务 ，右边界面可显示现阶段银行可处理的不良贷款业务，如图 3-4-1 所示。

催收认定业务

客户名称： 查询

	借款人	借据号	借据金额	贷款余额	放款日期	到期日期	状态
1	雷锋荣	00001264001	500000	500000	2013-03-12	2013-12-10	已审批

图 3-4-1　显示不良贷款业务

操作 3：双击该业务，系统弹出“新增-催收通知书”（如图 3-4-2 所示）。按照案例的时间推算，现在催收时间应是贷款期限结束后 5 至 6 个月之后，即 2014 年 5 月 5 日之后。在系统中选择催收时期后，点击 提交 按钮。

新增催收通知书

贷款详细信息

借款人:	雷锋荣	借据金额:	500000.00
合同编号:	00001264	借据编号:	00001264001
放款日期:	2013年3月12日	到期日期:	2013年12月10日
贷款余额:	500000.00	欠息金额:	0

贷款详细信息

贷款人催收通知书编号:	00000095	催收日期:*	2014/5/10

图 3-4-2　选择催收时间

操作 4：上述操作提交后，在 不良贷款催收 → 催收回执管理 中，可记录并查看银行对该客户的催收情况（如图 3-4-3 所示）。

催收回执管理

客户名称： 查询

	通知书编号	合同号	借据号	催收对象	催收类型	次数	通知书
1	00000095	00001264	00001264001	雷锋荣	贷款人催收	1	预览

图 3-4-3　记录并查看不良贷款催收情况

点击 预览 按钮，则可查看并记录催款回执情况。若催收成功，则在“是否已回收”项中打钩，并填写回收日期（如图 3-4-4 所示）；若未回收成功，则在下方“未能催收原因"中填写客户现阶段无法还款的原因。填写完毕后点击 提交 按钮，若催收成功，则提交后贷款业务彻底结束；若催收未成功，则不勾选"是否已回收"选项，提交后，可在此对该贷款进行下一步催收。

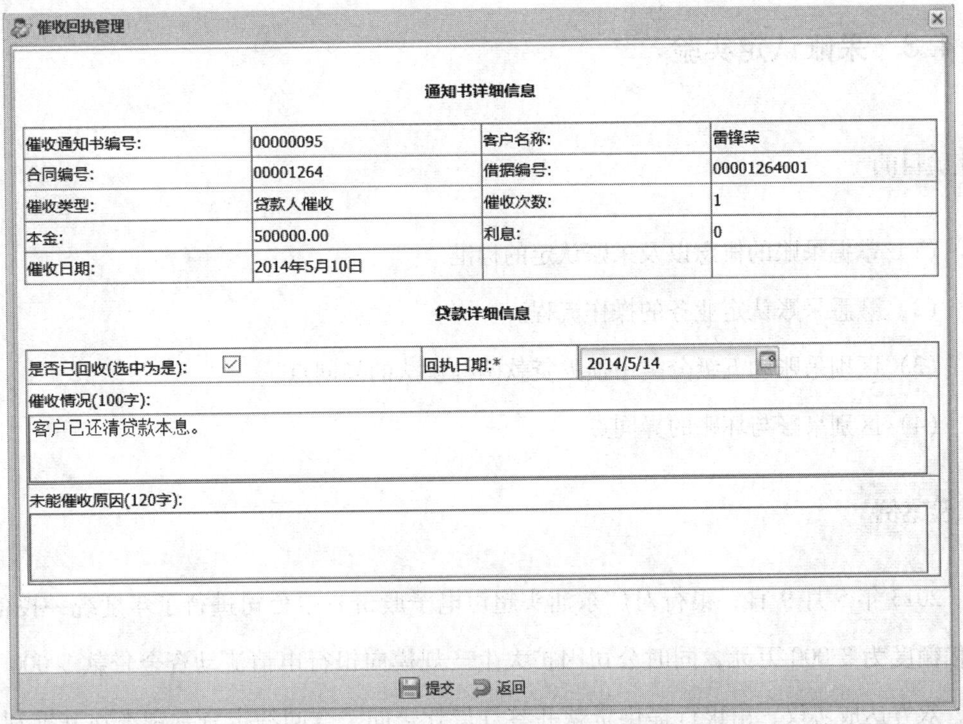

通知书详细信息

催收通知书编号：	00000095	客户名称：	雷锋荣
合同编号：	00001264	借据编号：	00001264001
催收类型：	贷款人催收	催收次数：	1
本金：	500000.00	利息：	0
催收日期：	2014年5月10日		

贷款详细信息

是否已回收(选中为是)：	☑	回执日期：*	2014/5/14

催收情况(100字)：
客户已还清贷款本息。

未能催收原因(120字)：

提交　返回

图 3-4-4　查看催收回执管理详情

实验报告要求

（1）请根据下列案例完成不良贷款催收实验，在实验报告中完成业务操作步骤的撰写，并配以截图说明。

（2）在完成不良贷款催收前，先完成客户的贷款担保及贷款业务。

案例概述：

杜苑，女，为购买精煤，2013年10月向银行提出贷款申请，申请个人经营性贷款300万元。2013年10月10日信贷员实地调查，厂区正常生产，认为符合银行贷款条件，2013年11月24日给借款人发放贷款120万元，月利率12.5%，期限1年，还款方式为按月结息，到期还本，由中核华原钛白股份有限公司提供连带责任保证担保。

贷款发放之后，前 6 期客户能按时偿还利息，第 7 期时厂区经营情况出现恶化，销售额明显下降，库存大，无足够现金流偿还贷款，偿还利息时出现逾期，因而信贷员对此进行催收。

3.4.3 呆账认定实验

实验目的

（1）掌握呆账的概念以及呆账认定的标准。

（2）熟悉呆账认定业务的操作流程。

（3）区别呆账和五级分类中损失贷款两种说法的异同点。

（4）区别呆账与坏账的异同点。

实验案例

2013 年 5 月 9 日，银行对广东汕头超声电子股份有限公司进行了年度统一授信，授信额度为 3 000 万元，同时公司因扩大生产规模向银行申请流动资金贷款 3 000 万元，双方达成协议，由银行提供贷款并签订借款合同，合同约定贷款利率在基准利率 5.75% 的基础上下浮 10%，借款期限为 3 年，即自 2013 年 5 月 9 日至 2016 年 5 月 9 日止，还款方式为分期等额还款。广东汕头超声电子股份有限公司以一栋办公楼（价值 800 万元）和三栋厂房（价值 3 200 万元）设定抵押，并办理了抵押登记。

2014 年 1 月 10 日，广东汕头超声电子股份有限公司在中外债权人面前宣布将申请破产。1 月 16 日，广东省高级人民法院院长吕伯涛对外公告，经审查，广东汕头超声电子股份有限公司及其全部子公司，因不能清偿到期境内外债务，符合法定破产条件，裁定进入破产还债程序，由法院指定的清算组接管破产企业。

该呆账认定业务先提交办理贷款的支行审查，总行审批后，将该公司的贷款认定为呆账。

实验步骤

操作 1：在客户信息窗口中，锁定业务对象"广东汕头超声电子股份有限公司"。同时，在 我的任务 操作任务列表中点击 信贷风险 按钮，找到该"呆账认定"业务，点击 ☆操作 → 开启任务 ，该业务在系统中便正式开启。

操作 2：参照章节 1.1.3 的实验步骤，为该公司的一栋办公楼与三栋厂房完成抵押担保业务（相关担保信息如图 3-4-5 所示）。注意，因为一般房产、土地使用权的抵押率最高不能超过 70%，因此该公司无法单独拿厂房或者办公楼进行抵押，必须设置共同抵押担保。

抵押合同号*： D0001033	抵押人*： 广东汕头超声电子股份有限公司
抵押物性质*： 不动产	抵押物类型*： 房产
币种*： 人民币	评估价值(元)*： 32000000
原价值(元)：	评估到期日期*： 2016/5/9
评估起始日期*： 2013/5/9	抵押金额(元)*： 25000000
抵押率(%)*： 78	备注：
已为其他债权设定的金额(元)：	
贷款人： 广东汕头超声电子股份有限公司	

抵押合同号*： D0001034	抵押人*： 广东汕头超声电子股
抵押物性质*： 不动产	抵押物类型*： 房产
币种*： 人民币	评估价值(元)*： 8000000
原价值(元)：	评估到期日期*： 2016/5/9
评估起始日期*： 2013/5/9	抵押金额(元)*： 5000000
抵押率(%)*： 62.5	备注：
已为其他债权设定的金额(元)：	
贷款人： 广东汕头超声电子股份有限公司	

图 3-4-5　办理抵押担保业务

操作 3：参照章节 1.2.3 的实验步骤，为该公司办理 3 000 万元的年度统一授信业务（相关授信情况如图 3-4-6 所示）。

图 3-4-6　办理年度统一授信业务

操作 4：参照章节 1.3.2 的实验步骤为该企业办理流动资金贷款业务。

操作 5：打开"信贷风险"业务窗口，角色切换为"支行信贷员"。点击 呆账认定 → 认定业务启动 ，双击列表中的"呆账认定"，列表中会显示现阶段在支行有贷款的企业及其贷款信息（如图 3-4-7 所示），双击启动业务后，在 呆账认定 → 当前认定业务 的列表中，双击该企业的呆账认定业务，进行受理。

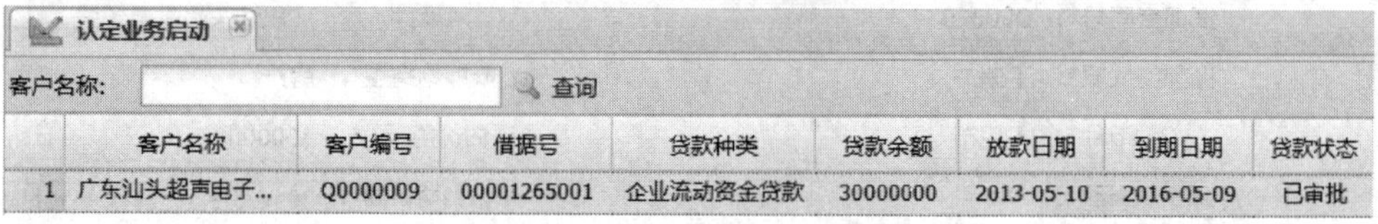

图 3-4-7　启动呆账认定业务

在业务处理列表中，填写"呆账认定"相关信息（如图 3-4-8 所示），按照企业实际情况，在产生的原因中进行勾选，可多选。在本案例中，广东省高级人民法院对外公告，经审查，广东汕头超声电子股份有限公司及其全部子公司，因不能清偿到期境内外债务，符合法定破产条件，裁定进入破产还债程序，由法院指定的清算组接管破产企业。因此，选择原因（一），点击 提交 按钮。

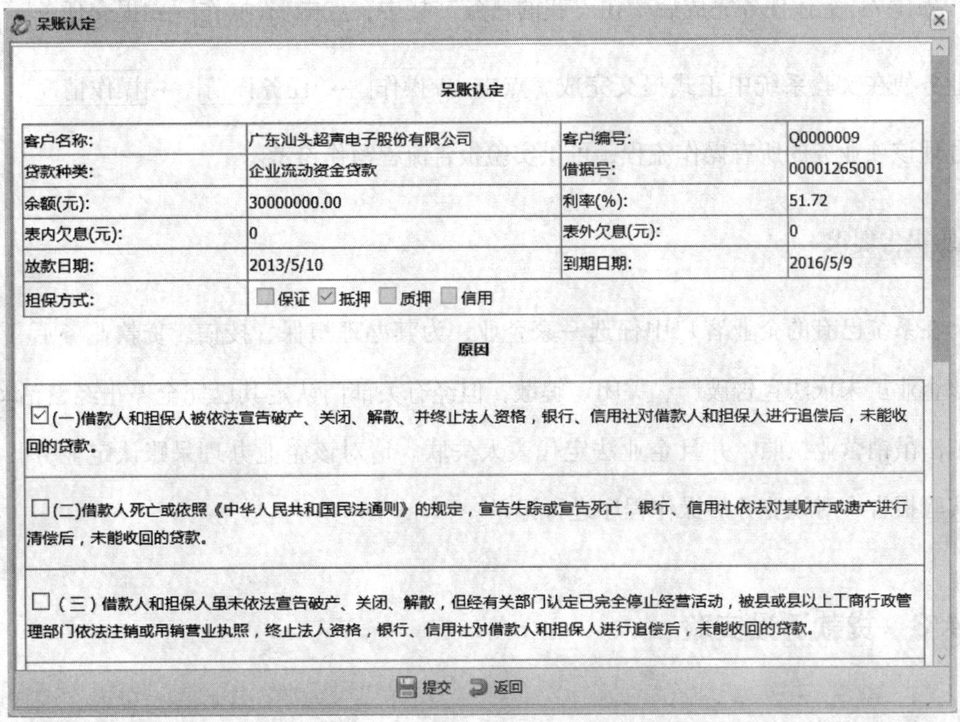
呆账认定

呆账认定

客户名称:	广东汕头超声电子股份有限公司	客户编号:	Q0000009
贷款种类:	企业流动资金贷款	借据号:	00001265001
余额(元):	30000000.00	利率(%):	51.72
表内欠息(元):	0	表外欠息(元):	0
放款日期:	2013/5/10	到期日期:	2016/5/9
担保方式:	☐保证 ☑抵押 ☐质押 ☐信用		

原因

☑(一)借款人和担保人被依法宣告破产、关闭、解散、并终止法人资格，银行、信用社对借款人和担保人进行追偿后，未能收回的贷款。

☐(二)借款人死亡或依照《中华人民共和国民法通则》的规定，宣告失踪或宣告死亡，银行、信用社依法对其财产或遗产进行清偿后，未能收回的贷款。

☐（三）借款人和担保人虽未依法宣告破产、关闭、解散，但经有关部门认定已完全停止经营活动，被县或县以上工商行政管理部门依法注销或吊销营业执照，终止法人资格，银行、信用社对借款人和担保人进行追偿后，未能收回的贷款。

提交　返回

图 3-4-8　勾选呆账认定原因

操作 6：提交后，将角色直接切换为“支行行长”，对该笔呆账认定业务进行确认；再提交至“总行行长”，最后进行审批，确认呆账认定生效；角色切换回“支行信贷员”，最后执行该业务。至此，系统自动生成“呆账认定通知书”，点击 呆账认定 → 呆账通知书打印，即可打印“商业银行呆账认定通知书”（如图 3-4-9 所示）。

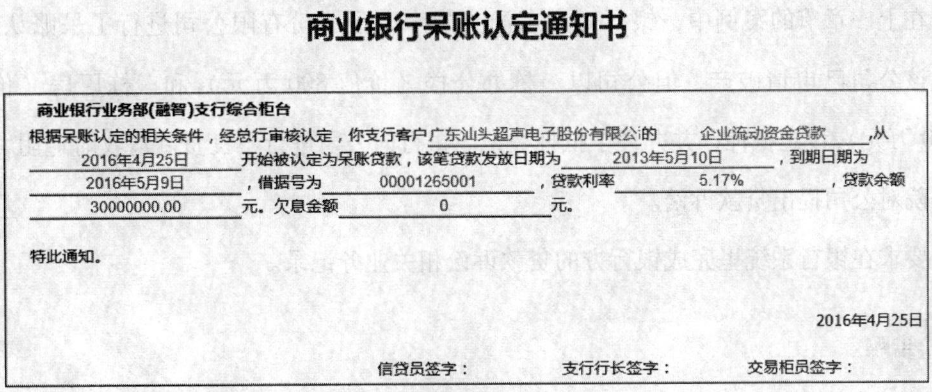
商业银行呆账认定通知书

商业银行业务部(融智)支行综合柜台

根据呆账认定的相关条件，经总行审核认定，你支行客户广东汕头超声电子股份有限公司的　企业流动资金贷款　,从　2016年4月25日　开始被认定为呆账贷款，该笔贷款发放日期为　2013年5月10日　，到期日期为　2016年5月9日　，借据号为　00001265001　，贷款利率　5.17%　，贷款余额　30000000.00　元。欠息金额　0　元。

特此通知。

2016年4月25日

信贷员签字：　支行行长签字：　交易柜员签字：

图 3-4-9　打印“商业银行认定通知书”

操作 7：上述任务完成后，在"我的任务"栏中，点击 ☆操作 → 提交任务 ，该项业务便在实验系统中正式提交完成。点击 ☆操作 → 任务详情 → 操作情况 ，查看办理该项业务的所有操作流程，可供实验报告流程写作参考。

实验报告要求

在系统已有的企业客户中任选一家企业，为其办理担保、授信。贷款业务后，假设该企业虽未依法宣告破产、关闭、解散，但经有关部门认定其已完全停止经营活动，被依法吊销营业执照，并且企业法定代表人失联。请对该企业办理呆账认定业务，并在实验报告中对该业务的操作程序进行记录。

3.4.3 贷款诉讼实验

实验目的

（1）掌握贷款诉讼的概念以及贷款诉讼时效的概念。

（2）熟悉贷款诉讼的流程以及注意事项。

（3）了解银行对借款人进行贷款诉讼的前提条件。

实验案例

在上一章节的案例中，银行对广东汕头超声电子股份有限公司进行了呆账认定。虽然该公司已申请破产，但公司以一栋办公楼（价值 800 万元）和三栋厂房（价值 3 200 万元）设定抵押，并办理了抵押登记。银行向公司进行不良贷款清收时遇阻，现向法院对公司提出贷款诉讼。

要求在银行系统里完成银行方的贷款诉讼相关业务记录。

实验步骤

操作 1：由于在本案例中，银行已对广东汕头超声电子股份有限公司依次进行了担保、授信、贷款以及呆账认定业务，因此在本实验中，可直接进入"信贷资产"窗口，角色切换为"支行信贷员"，点击左侧导航栏中的 贷款诉讼 → 诉讼业务启动，双击列表中的"贷款诉讼"业务项，查看可进行贷款诉讼的公司名单（如图 3-4-10 所示）。双击该业务，启动成功。

	合同号	客户名称	贷款种类	贷款金额	起始日期	到期日期
1	00001265	广东汕头超声电子股份有限公司	企业流动资金贷款	30000000	2013-05-09	2016-05-09

图 3-4-10 启动贷款诉讼业务

操作 2：点击 贷款诉讼 → 诉讼业务处理，可查看当前的诉讼业务状态（如图 3-4-11 所示），双击该业务进行受理，进入"当前业务处理列表"（如图 3-4-12 所示），按列表要求填写相关材料。

	工作类型	业务对象	业务种类	状态
1	诉讼申请	广东汕头超声电子股份有限公司	贷款诉讼	业务受理

图 3-4-11 查看诉讼业务状态

客户信息

客户编号：Q0000009   客户类型：企业客户   客户名称：广东汕头超声电子股份有限公司

当前业务处理列表

	工作名称	任务描述	业务状态
1	诉讼申请	诉讼申请	未填写
2	贷前客户调查	贷前客户调查	未填写
3	诉讼合同	诉讼合同	未填写

图 3-4-12 按要求填写相关资料

（1）诉讼申请：在诉讼申请表中，根据该公司的抵押担保合同和借款合同信息（详情参见章节 3.4.2），录入"借款金额""申请日期""主担保/质押情况""主担保人/质押物名称"等信息（如图 3-4-13 所示）。

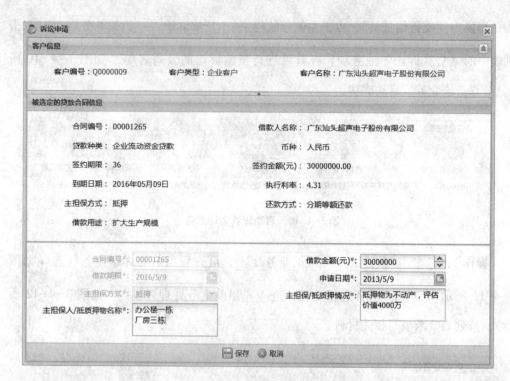

图 3-4-13　录入相关信息

（2）贷前客户调查：从"竞争情况""财务分析""申贷原因、用途及还款来源""客户信用状况""担保评价""风险情况""我行相关效益"七个方面进行简要评述（如图 3-4-14 所示）。

（3）诉讼合同：填写诉讼合同时注意，如果贷款存在保证担保的情况，若是连带责任担保，则可共同列为被告、也可单独起诉保证人；若是为一般保证，则必须列为共同被告。在起诉时，要注意贷款诉讼时效的问题。本案例无保证人（如图 3-4-15 所示）。

上述材料填写完毕后，可点击 提交 按钮，将业务转交支行行长审批。

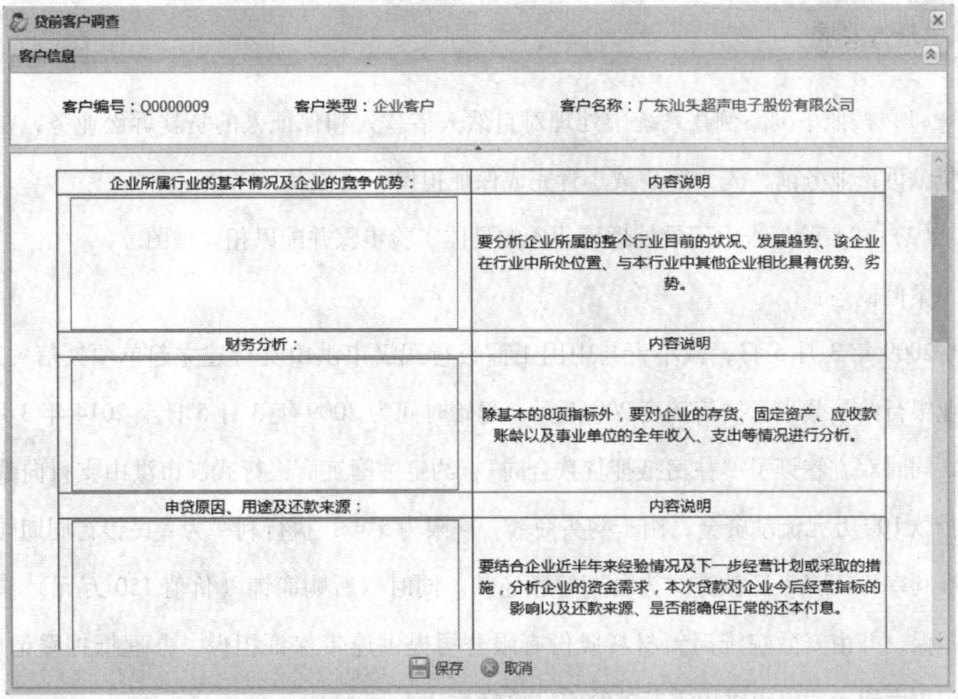

图 3-4-14　填写贷前调查

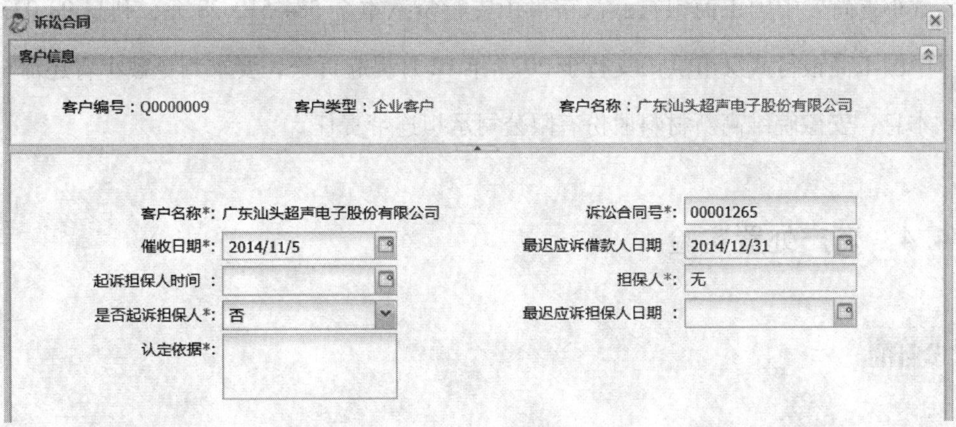

图 3-4-15　填写诉讼合同

操作 3：将角色依次切换为"支行行长"→"总行行长"→"支行信贷员"，对业务进行审批和最后认定处理。

实验报告要求

（1）按照下列案例在系统中处理对自然人借款人和保证人的贷款诉讼业务，在办理贷款诉讼业务前，先为客户戴小青完成保证担保、贷款及呆账认定业务。

（2）在实验报告中记录处理该业务的具体实验步骤并配以相应截图。

案例概述：

2009 年 3 月 5 日，戴小青与中国工商银行武汉市洪山支行建立起单项授信关系，商业银行给予戴小青授信额度 200 万元，起始时间为 2009 年 3 月 5 日至 2014 年 3 月 5 日，同时双方签订了"住房抵押贷款合同"，约定中国工商银行武汉市洪山支行向戴小青贷款 100 万元流动资金，用于购买商铺，期限为 5 年，执行利率为人民银行同期同档基准利率 5.75%，还款方式为分期等额还款。同时以所购商铺（价值 150 万元）作抵押担保，并由安徽皖维高新材料股份有限公司提供连带保证担保。办理抵押登记后，中国工商银行武汉市洪山支行按约定发放贷款。

戴小青供款不久后断供，安徽皖维高新材料股份有限公司也未代偿。截至 2013 年年末，戴小青尚欠中国工商银行武汉市洪山支行贷款本金 584 510.28 元、利息 98 023.96 元。中国工商银行武汉市洪山支行于 2013 年 12 月提起诉讼，要求判令戴小青还清全部贷款本息，安徽皖维高新材料股份有限公司承担连带责任。

3.4.4 资产处置实验

实验目的

（1）掌握资产处置的概念以及方法。

（2）熟悉资产处置的办理流程和所涉及文件。

（3）了解资产处置协议的主要内容。

实验案例

福建省青山纸业股份有限公司主营"青山"牌系列业务，主要包括 $70 \sim 110 \text{g/m}^2$ 系列普通及伸性纸袋纸、$60\sim120g/m^2$ 系列精制牛皮纸、$110\sim250g/m^2$ 系列高强牛皮箱板纸、全木浆牛皮卡纸、$80\text{-}160g/m^2$ 系列高强瓦楞纸、浆粕。

2014 年 10 月 15 日，福建省青山纸业股份有限公司因资金临时性短缺，但又急需采购 2 700 吨过氧化氢水，故向银行申请流动资金贷款 200 万元。双方签订借款合同，合同约定借款期限为 3 个月，公司以一价值 300 万元的厂房作为抵押。

2015 年 1 月 15 日，福建省青山纸业股份有限公司因大量缺货，长期拖欠供应商货款，亏本经营而倒闭。银行与福建省青山纸业股份有限公司签订了资产处置协议书。

实验步骤

操作 1：用自己的学生账号登录信贷业务及风险管理模拟平台，选择界面左侧的 客户信息 图标，弹出客户信息窗口；在弹出窗口左侧的导航栏中选择 登记查询 → 导入客户信息 ，在客户类型下拉选项框中选择个人客户后点击查询。在窗口罗列的个人客户列表中，找到实验案例所涉及企业"福建省青山纸业股份有限公司"，点击右上方的 导入客户信息 按钮，在 登记查询 中查询办理该业务的个人客户，选择客户，点击 锁定 按钮。

操作 2：将鼠标按界面标识移动至模拟平台界面边缘，系统自动弹出 我的任务 操作任务列表，在列表中点击 信贷资产 按钮，找到"资产处置"业务，点击 ☆操作 → 开启任务 ，该业务在系统中便正式开启。

操作 3：打开"信贷资产"业务窗口，点击左侧导航栏中的 资产处置 → 资产处置情况 ，点击右上方的 添加 按钮，按案例中的信息录入"新增资产处置情况表"（如图 3-4-16 所示）。录入时注意，"原贷人"一般指借款人，而"抵贷人"指抵押贷款人，抵贷人和原贷人可以为一人，也可以是第三方进行抵押。"抵押方式"有裁定、判决、协议。一般由银行和借款人签订的资产处理合约，而不涉及法院诉讼或其他法律程序的，即为协议资产处置。

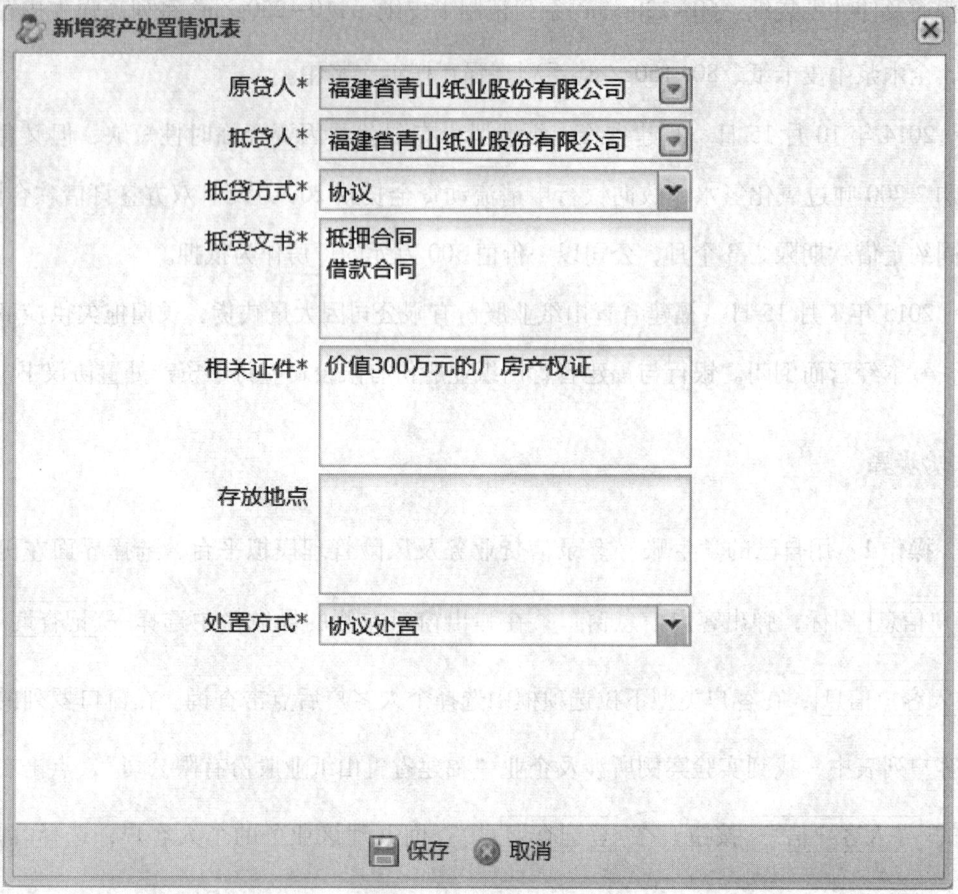

图 3-4-16 录入案例信息

操作 4：若该贷款按协议内容进行了相关处置，还清了银行相关贷款，则可点击 资产处置 → 贷款清收情况 ，并点击右上方的 添加 按钮，将已完成清收的贷款合同编号、结局编号、清收金额、清收日期、清收人员、清收物品名称依次录入，点击 保存 按钮后，在银行信贷系统中留下记录（如图 3-4-17 所示）。

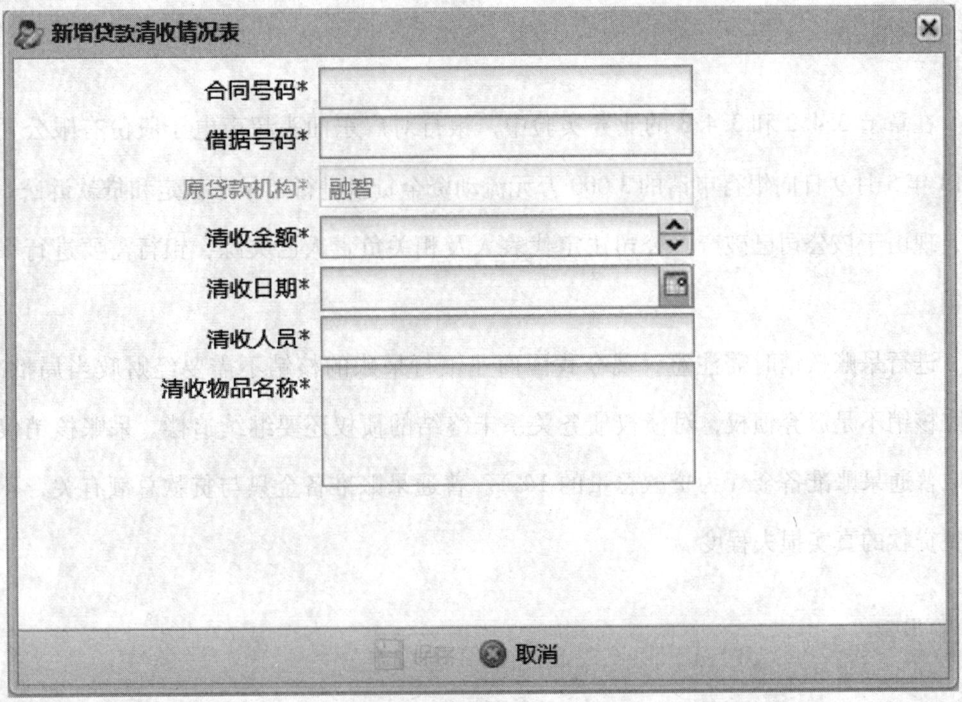

图 3-4-17　填写清收情况表

实验报告要求

（1）在实验报告中简述资产处置的概念及种类。

（2）绘制以裁定或判决的方式进行资产处置的业务流程。

3.4.5　呆账核销实验

实验目的

（1）掌握呆账核销的概念。

（2）掌握普通呆账准备金的概念和提取条件。

（3）熟悉呆账核销的业务流程。

实验案例

在章节 3.4.2 和 3.4.3 的业务实验中，银行对广东汕头超声电子股份有限公司在 2013 年 5 月 9 日向银行申请的 3 000 万元流动资金贷款进行了呆账认定和贷款诉讼。假设，现由于该公司已破产，公司法定代表人及相关负责人已失踪，银行需要进行呆账核销。

进行呆账核销时需注意，现今我国商业银行呆账的核销不需要经财政当局批准，呆账核销不是放弃债权，对债权债务关系未终结的债权还要继续追偿。呆账核销仅需提取普通呆账准备金（为贷款总量的 1%）。普通呆账准备金只与贷款总额有关，不能反映贷款的真实损失程度。

实验步骤

操作 1：在处理呆账核销业务之前，首先确保已在系统中对业务对象办理完担保、贷款、呆账认定以及贷款诉讼业务。打开"信贷资产"业务窗口，角色切换为"支行信贷员"，点击左侧导航栏中的 呆账核销 → 核销业务启动 ，在列表中双击需要进行呆账核销的企业客户，即"广东汕头超声电子股份有限公司"；完成后，点击 呆账核销 → 当前核销业务 ，可查看当前业务对象及业务情况（如图 3-4-18 所示）。

	工作类型	业务对象	业务种类	状态
1	核销申请	广东汕头超声电子股份有限公司	呆账核销	业务受理

图 3-4-18 查看当前核销业务情况

操作 2：双击受理该业务，在"当前业务列表"中，选择"核销认定"。弹出核销认定窗口（如图 3-4-19 所示），在表格中按商业银行相关要求录入核销本金额度以及核销利息额度，并勾选借款人无法还贷的原因后，点击 提交 按钮。

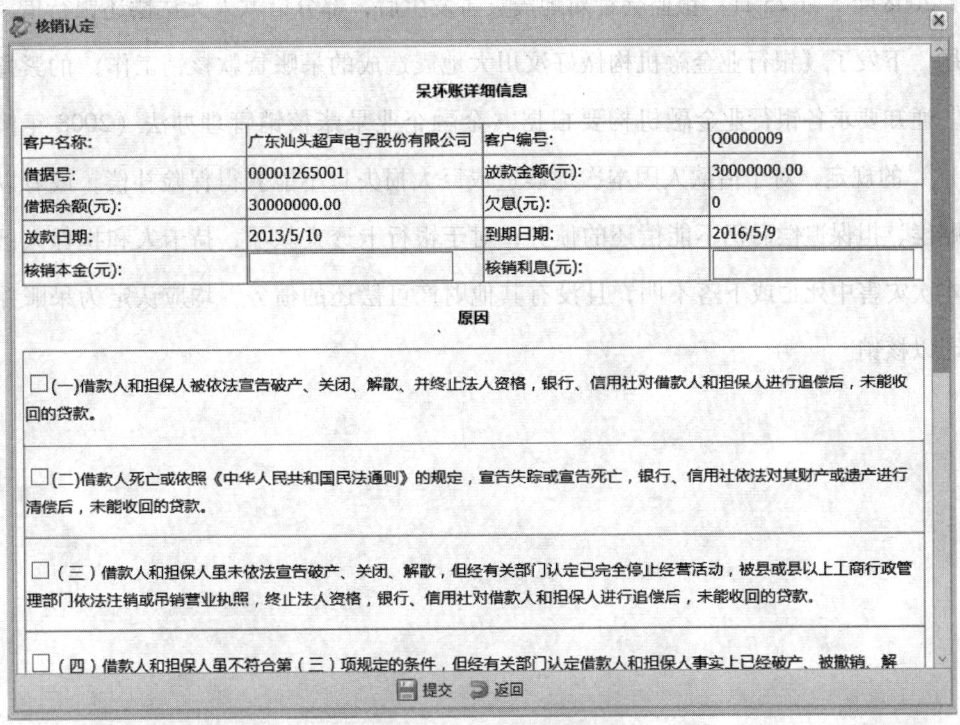

图 3-4-19 填写核销认定信息

操作 3：将角色依次切换为"支行行长"→"总行行长"→"支行信贷员"，完成相关审核、审批工作，直至呆账核销业务认定结束。

实验报告要求

（1）按照下列案例在系统中处理对自然人借款人的呆账核销业务，在办理呆账核销之前，先为客户王宏完成担保、贷款、呆账认定及贷款诉讼业务环节。

（2）在实验报告中记录处理该业务的具体实验步骤并配以相应截图。

案例概述：

王宏，月综合收入 5 000 元，于 2006 年 6 月 18 日向银行申请个人住房贷款 30 万元。双方签订贷款合同，合同约定期限为 7 年，执行利率为人民银行同期同档基准利率 5.75%，还款方式为分期等额还款，王宏以其房产作为抵押。

2008 年 5 月 12 日 14 时 28 分，四川省阿坝藏族羌族自治州汶川县发生里氏 8.0 级地震，王宏不幸在此次地震中遇难，并且所贷房屋倒塌。

2008 年 5 月 25 日，银监会针对地震灾害发生后，部分借款人无法偿还银行借款的问题，下发了《银行业金融机构做好汶川大地震造成的呆账贷款核销工作》的紧急通知。通知要求各银行业金融机构要根据《金融企业呆账核销管理办法（2008 年修订版）》的规定，对于借款人因本次地震造成巨大损失且不能获得保险补偿，或者以保险赔偿、担保追偿后仍不能偿还的债务；对于银行卡透支款项，持卡人和担保人已经在本次灾害中死亡或下落不明，且没有其他财产可偿还的债务，均应认定为呆账并及时予以核销。

参考文献

［1］施继元，吴良. 银行信贷管理实验教程［M］. 上海：上海财经大学出版社，2014.

［2］刘晓潮. 商业银行信贷及国际结算实验［M］. 北京：经济科学出版社，2008.

［3］中国银行业从业人员资格认证办公室. 公司信贷［M］. 北京：中国金融出版社，2013.

［4］中国银行业从业人员资格认证办公室. 个人贷款［M］. 北京：中国金融出版社，2013.

参考文献